東大闘争
50年目のメモランダム

安田講堂、裁判、
そして丸山眞男まで

和田英二

ウェイツ

まえがき

今から五〇年前の一九六九年一月、東大安田講堂に数百人の学生が立てこもって、包囲した八五〇〇人の警察機動隊と戦った事件があった。本書は、その中の一人、東大闘争全学共闘会議の法学部闘争委員会のメンバーであった筆者が、記憶と文献に基づいて書いた東大闘争の記録である。

第一部「安田講堂戦記」は、政治活動に無関心だった筆者が、東大闘争に参加し、安田講堂攻防戦で逮捕、起訴され、判決を受けるまでの私的な闘争史になる。前半が、東大各学部の中で最も遅く六八年一〇月に始まった法学部の無期限ストライキから、著名な政治学者丸山眞男教授と対峙した法学部研究室の封鎖を経て、安田講堂攻防戦に至るまで、後半が、安田講堂攻防戦に参加した学生の人数や所属大学、諸説ある東大生の人数などを明らかにした後、刑事事件の流れに沿って、当時の留置場や拘置所における勾留生活の模様、〝荒れる法廷〟といわれた東京地方裁判所での裁判から東京高等裁判所での判決に至るまで、筆者がその間に体験した出来事と出会った群像を当時の目線で綴る。

第二部「丸山教授の遭難」では、丸山教授が、法学部研究室を封鎖した東大全共闘に対し、

「ナチもしなかった」と非難したと報じられた事件の真相を推理する。丸山教授は安田講堂攻防戦の後、その報道をもとに東大全共闘や世評の〝標的〟になったが、ほんとうに、「ナチもしなかった」と言ったのか。言わなかったのであれば、本人や周囲は、何故、反論しないのか。これらの疑問に対する答えを、関連する文献、たとえば、丸山眞男『自己内対話』、教え子である新聞記者内藤國夫『ドキュメント　東大紛争』、同じく作家庄司薫『赤頭巾ちゃん気をつけて』などに探る。

記憶を想像で補ったところもある。登場人物は、既に活字になっている人のほかは、仮名にした。語られることがなかった、あるいは、誤って語り継がれた東大闘争の真実を、はるかに遠い昔の記憶ではあるが、当時の感覚が微かにでも残っているうちに、文献を紐解きながら書いておきたいと思う。

主な参考文献とその略記は以下のとおりである。

『砦』＝東大闘争全学共闘会議編『ドキュメント東大闘争　砦の上に我らの世界を』亜紀書房、一九六九年
『内藤』＝内藤國夫『ドキュメント　東大紛争』文藝春秋、一九六九年

『弘報』＝東京大学弘報委員会『東大問題資料２　東京大学弘報委員会「資料」1968.10〜1969.3』東京大学出版会、一九六九年

『東大裁判』＝東大闘争弁護団編『東大裁判――問われているものは何か』田畑書店、一九六九年

『佐々』＝佐々淳行『東大落城　安田講堂攻防七十二時間』文春文庫、一九九六年。あとがきに「本書は、平成四年（一九九二年）五月号から六回にわたって『文藝春秋』に連載された安田講堂攻防七十二時間の記録『東大のいちばん長い日』を大幅に補筆、加筆してまとめたものである」とある。

『島』＝島泰三『安田講堂　1968－1969』中公新書、二〇〇五年

『安田講堂戦記』地図

東京大学本郷キャンパス

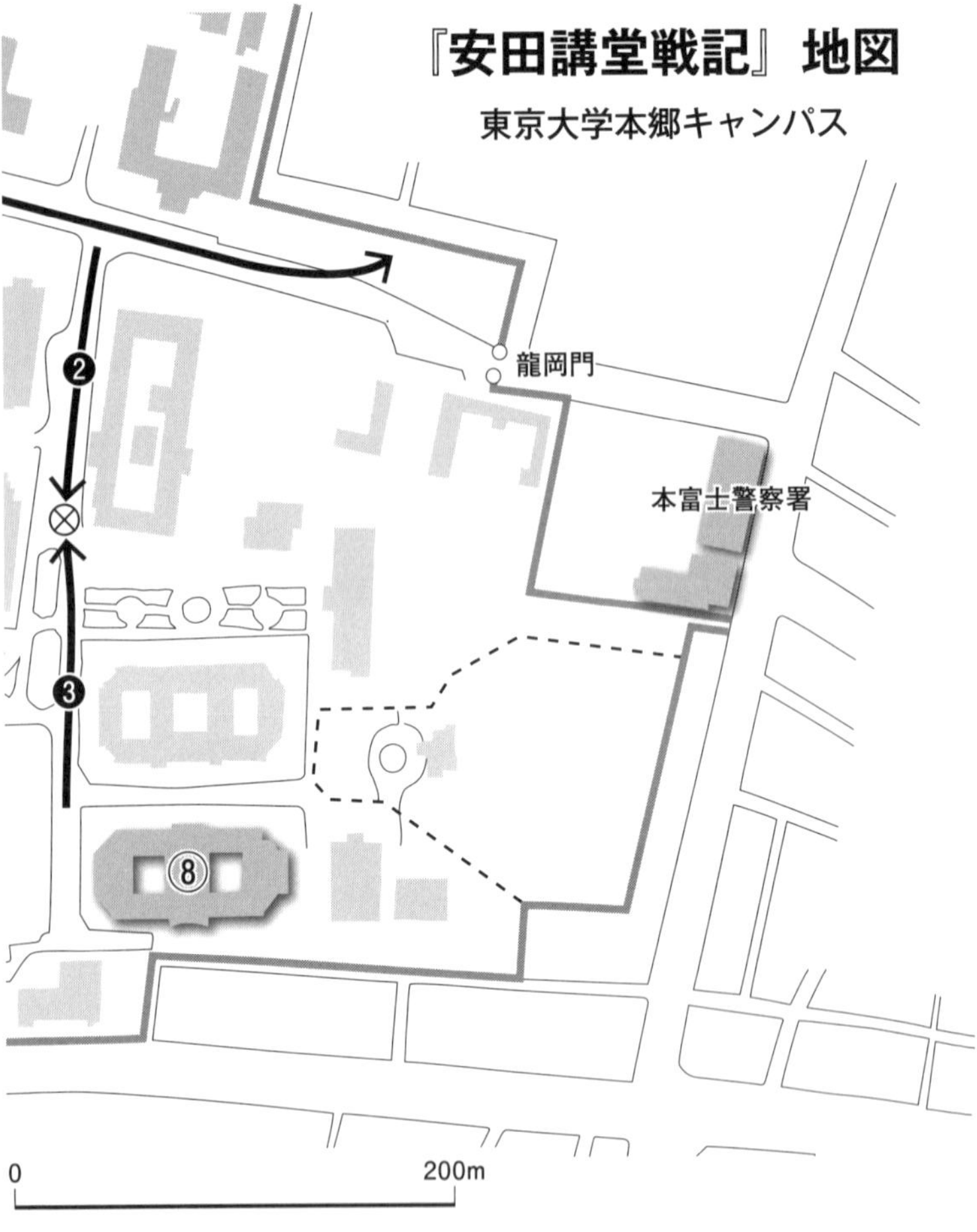

⑥**総合図書館**：68年11月29日、北側の階段と広場で、加藤一郎総長代行の提案集会粉砕闘争が行われた。

⑦**教育学部**：民青外人部隊の駐屯地

⑧**理学部2号館**：68年12月24日、でっちあげ医学部学生大会が開かれた。

〈ルート〉

❶68年11月29日、提案集会粉砕後の加藤代行“拉致連行”ルート（本文43頁）

❷68年12月24日、でっちあげ医学部学生大会に対する全共闘の攻撃ルート（本文50頁）

❸同上、民青外人部隊の迎撃ルート

❹69年1月19日、安田講堂攻防戦後の逮捕連行ルート（本文108頁）

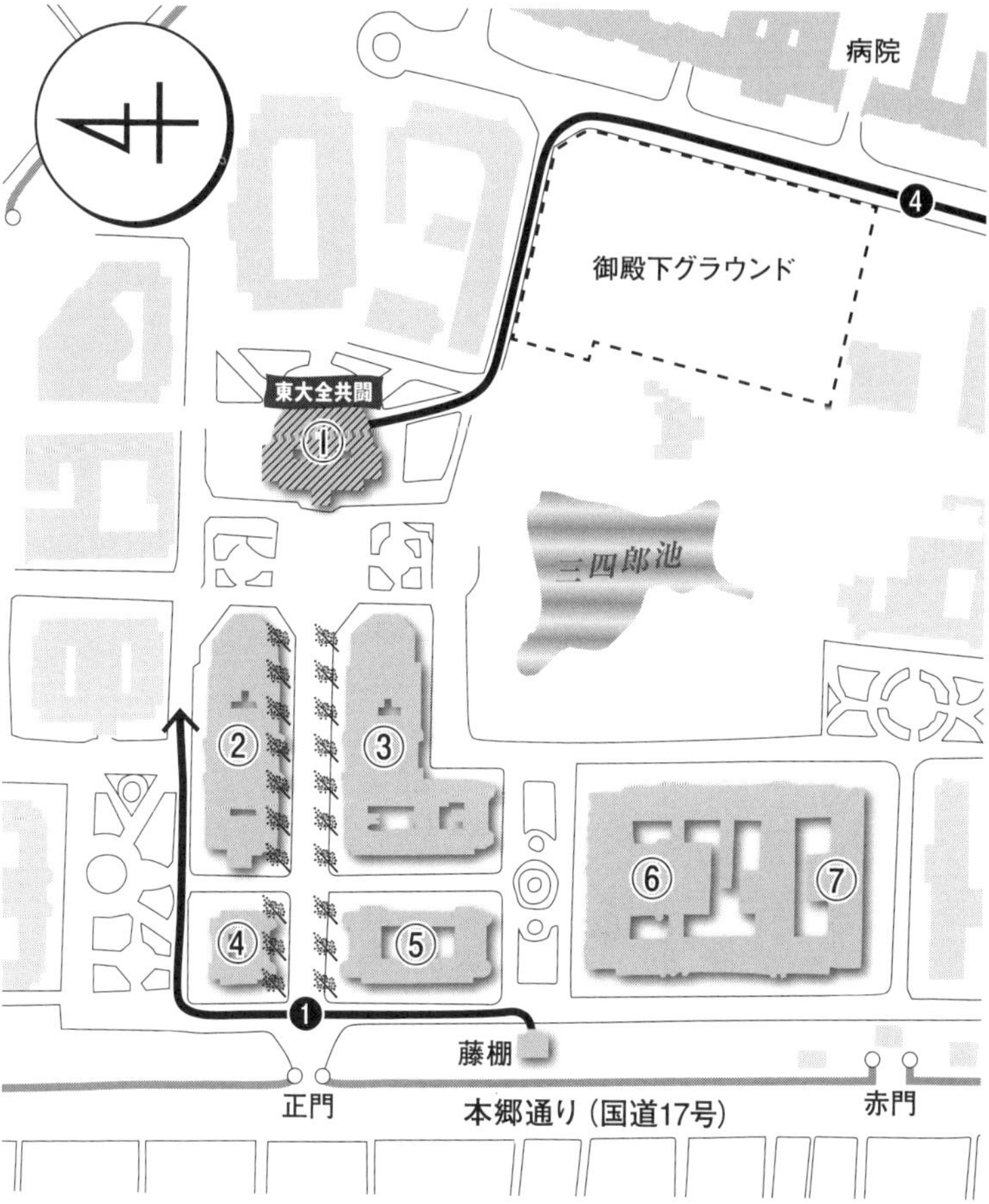

『安田講堂戦記』東京大学本郷キャンパス構内図　凡例

〈建物〉

①**安田講堂**：東大全共闘の本拠地
②**法文1号館**：69年2月21日、1階の法学部22番教室で丸山眞男教授が再開1回目の講義をした。
③**法文2号館**：68年10月12日、2階の法学部31番教室で“あかつきの学生大会”が、そして69年2月24日、2階の文学部階段教室で丸山教授の“人民裁判”があった。
④**工学部列品館**：69年1月18日、安田講堂攻防戦の出城になった。
⑤**法学部研究室**：68年12月23日、東大全共闘（法学部闘争委員会）が封鎖し、69年1月18日、安田講堂攻防戦の出城になった。

東大闘争　50年目のメモランダム
安田講堂、裁判、そして丸山眞男まで

目次

まえがき……1

『安田講堂戦記』地図……4

第一部　安田講堂戦記……15

序　章　一九六八年秋——東大安田講堂前広場……16

第一章　法学部闘争委員会——安田講堂の学友諸君……20

第二章　前哨戦……32

一　情況
二　法学部無期限ストライキ――あかつきの学生大会
三　提案集会――加藤総長代行拉致作戦
四　法学部研究室の無血開城
五　医学部学生大会――流血の乱戦
六　一九六八年は暮れて行く
七　七学部集会――ラグビー場、遥かなり
八　民青外人部隊の来襲

第三章　安田講堂攻防戦……66

一　援軍、全国より来たる
二　残るべきか、出るべきか
三　東大全共闘、最後の集会
四　安田城
五　安田講堂攻防戦――六九年一月一八日

六　小康
七　安田講堂攻防戦――六九年一月一九日

第四章　安田講堂守備隊名鑑……100
一　守備隊の総数
二　大学別の人数
三　東大生は全部で何人いたか
四　法学部闘争委員会の人数
五　報じられなかった不都合な真実

第五章　警察留置場……116
一　初めての宿
二　留置場の風景
三　安田か？　俺は法研だ
四　〇弁護士の接見

五　留置場の学友諸君
六　俺は中隊長
七　M検事の取調べ
八　家族の面会
九　留置場に起きた波紋
一〇　G巡査の別れのあいさつ

第六章　東大裁判……146

一　中野刑務所の日々
二　畏友の出獄
三　接見室の白熱講義
四　東京地裁の分割公判――隠されたXファイル
五　荒れる法廷
六　退廷、退廷、また退廷！
七　超タカ派判決の事実誤認

八　東京高裁の控訴審
終　章　安田講堂攻防戦始末……170
『東大闘争　50年目のメモランダム』年表……172

第二部　丸山教授の遭難……177

序　章　二〇一八年春――東京女子大学丸山眞男文庫……178
第一章　丸山教授の遭難……182
一　丸山教授のナチ発言報道
二　吉本隆明の丸山批判『収拾の論理と思想の論理』
三　講義再開阻止闘争――人民裁判

四　四面楚歌の丸山教授
第二章　丸山教授の冤罪序説……202
一　悪魔の証明
二　毎日ナチ発言報道の不審
第三章　法学部研究室封鎖——丸山教授の論理と心理……212
第四章　丸山教授の沈黙……220
第五章　黙る内藤、喋る庄司……224
一　丸山教授を囲む「'60の会」
二　内藤國大『ドキュメント　東大紛争』
三　まさかの悲劇
四　庄司薫『赤頭巾ちゃん気をつけて』

五　言ってはならないこと
第六章　死せる丸山、生ける教え子たちを喋らす……242
第七章　丸山教授の弁明……250
終　章　民主主義の精神……256
あとがき……260

第一部

安田講堂戦記

序章　一九六八年秋――東大安田講堂前広場

一九六八年秋、東大本郷キャンパスの安田講堂前広場は、その日も、大勢の学生たちで賑わっていた。学生たちは、あちこちで議論し、演説し、ビラを配っている。並べた立て看板（タテカン）には学生たちの主張が赤や黒の絵具とペンキで大書してある。

安田講堂は東大全共闘（東大闘争全学共闘会議）の本拠地で、広場は学生たちの野外集会場だ。その年六月一五日、退学処分に抗議する医学生らが安田講堂を占拠し、ベトナム反戦デモに参加する学生が広場に集まった。六月一七日、大学当局が機動隊を導入して医学生らを安田講堂から排除し、六月二〇日、これに抗議する七〇〇〇人の学生が広場に集まった。七月二日、学生たちは再び安田講堂を占拠し、七月五日、東大全共闘を結成した。

私は政治や社会にはまったく無関心な〝ノンポリ〟学生だった。デモに参加したのは六月一五日のベトナム反戦デモが初めてだ。ところが、機動隊の導入で、いきなり頭を殴られたような気がした。いったい何が起きたのか。大学にこんなことがあっていいのか。大学の自治は守られるのか。七月末、私は広場にできたテント村にテントを担いで参加した。

大学当局は、八月一〇日、責任の所在を曖昧にしたまま、医学生らの処分を取消し、機動隊導入を反省するかのような文書を全学生の自宅に送り付けた。それは、かえって、学生たちの怒りが夏休み中に収まることを狙った姑息なやり方だと反発を招き、夏休み明けに、学部や学科が次々とストライキに入った。

東大闘争の大渦巻きが始まった。この大渦巻きは何処に行くのか。この中にどんな学生がいるのか。私は決意した。闘争の見学者から当事者になる。大渦巻きのど真ん中に飛び込んで、そこにいる学生たちとともに闘おう。自分の責任はとる。

私は、安田講堂前広場で、捜していた男を見つけた。浅黒い顔、中肉中背の引き締まった体つき、背筋を伸ばし、速足で歩き、議論が殴り合いになれば迷わず鉄拳を繰り出す東大全共闘の男。

「え～、俺、法学部二年の和田です。東大闘争を一緒にやりたいと思うけど、いいかな？」

その男は一瞬きょとんとして私の顔を見た。無理もない。声をかけた私でさえ、そんな言い方でいいのか、と思ったくらいだ。でも、その男は私の顔を見てすぐに私が真剣なことがわかったようだ。かかとを合わせて直立不動の姿勢をとった。

「ぼくは、法学部三年の中野といいます。こちらこそよろしくお願いします！」

中野と名乗ったその男は、そう言ってから深々と頭を下げた。私も、それを見て慌てて頭を下げた。

こうして、私は中野のいる法学部闘争委員会（法闘委）に仲間入りし、私の東大闘争が始まった。

第一章　法学部闘争委員会——安田講堂の学友諸君

法闘委は安田講堂二階の事務室を本拠にしていた。部屋の真ん中に事務机を四台、その周りに椅子を一〇脚ほど置いてある。そこで会議をしたり、食事をしたりする。壁際には机を並べた即席ベッド、一〇人ほどは寝られる。部屋の出入りは自由、鍵もなければ管理人もいない。もちろん、盗まれる物もない。

安田講堂によく出入りしていた法闘委の学友諸君を紹介しよう。

宮木。リーダー〝格〟である。〝格〟というのは、リーダーとして、選任決議とか、指名とか、宣言とか、普通、世に行われる就任手続きは経ていないけれど、周囲がリーダーとして認め、本人もリーダーとしての自覚がある、そういう存在だ。宮木は半世紀後の表現でいうと〝ジャニーズ系〟だ。頭でっかちの東大生には珍しい、スラリとした長身でアジテーションも巧い。東大全共闘が、東京女子大や日本女子大の全共闘と集会やデモで共闘したりすれば、人気を独り占めにした。本人は決して言わないけれど某財閥の御曹司という噂があり、言われてみると育ちがいい感じもする。学生だけでなく、法学部の教官や東大全共闘の宿敵、民青系諸君から[※1]さえも信頼があった。安田講堂攻防戦で逮捕・勾留中に、教官の面会や民青系諸君からの差し入れがあったというくらいだ。法闘委が東大闘争の最後まで、まあ、やりすぎは多少あったかもしれないけれど、大筋、〝人の道〟を踏み外さないでやれたと思うのは、リーダー格が宮木であったおかげだろう。

宮木は新参の私にこんなことを訊く。

「和田くん、ドイデを読んだことある？」

「いいえ」

私が丁寧語を使うのは、宮木が一学年上の四年生だからだ。法闘委のメンバーの大半が三年生で、互いにぞんざいな口をきいていたのと対照的だ。入学年度の違いは鉄の序列であり、それは大学の全ての秩序を根源的に問い直したはずの東大闘争においても不滅であった。

「じゃあ、ケイテツは？」

「いいえ」

「リューメーは読んでるよね？」

「いいえ」

何の本かと訊けば、『ドイデ』はマルクス・エンゲルス『ドイツ・イデオロギー』、『ケイテツ』はマルクス『経済学・哲学草稿』、『リューメー』は吉本隆明の論稿だという。これらは当時の全共闘系学生が読む基本的な文献だったらしい。私の愛読書は、主に、『あしたのジョー』『カムイ伝』などの漫画本で、難易度を上げても『五味マージャン教室』くらいだったから、宮木はリーダー格の責任として、私に少しでも〝教養〟を身に着けさせたいと思ったのだろう。

松山。二年先輩で、学生運動の、当時でいう〝活動家〟である。活動家というのは、革命家のようだったり、超真面目だったり、とっつきにくいタイプが多かったが、松山は小柄なうえ、おっとりした喋り方をするから近づきやすい。私のようなノンポリ学生の面倒見がいい世話役タイプだ。

その松山が、ある日、声をかけてきた。

「和田くん、タテカンを作るので手伝ってくれないか」

体を動かす方が得手の、どうみても〝体育系〟の私には手に技術も必要だという、世話役らしい配慮だ。タテカンは、当時、ビラと並ぶ重要な情宣アイテムの一つだった。本郷のキャンパスは正門からイチョウ並木、そして安田講堂に至るまで、いつもタテカンが林立していた。

私は法闘委の部屋からベニヤ板、角材、模造紙などの材料や、鋸、金づちなどを持ちだして松山についていく。安田講堂入口の車寄せを出れば講堂前広場が作業場だ。松山は手際よく、角材を並べ、ベニヤ板を打ち付け、模造紙を貼り、運動スローガンと闘争スケジュールを書いていく。闘争のためには〝体育〟だけでなく〝教養〟や〝図工〟も必須科目なのだ。

ある日の〝図工〟の授業中、ほろ酔い加減のサラリーマン風のおじさんがやって来た。本郷キャンパスは、警察以外、誰でも出入り自由だ。おじさんが言った。

「君たちねえ。今は元気がいいけど一〇年後はどうかな。赤ちょうちんで、昔の活動を自慢したり、上役の愚痴を言ったりしているんだろう。六〇年安保のときの学生たちが、みんな、そうだからなあ」

私は自分の一〇年後を想像し、〝そうかもしれないなあ〟と思った。その瞬間、松山が、

「俺たちはそんなヤワじゃない！」

と、凛として言い放った。可哀そうに、おじさんは酔いがいっぺんに醒めたふうで、すごすごと立ち去った。だけど、私の背筋も少し伸びた。松山が〝俺たち〟と言って、ヤワじゃないほうに私を入れたからだ。そういうところが世話役としての教育的配慮なのだろう。

大畑。東海地方の公立高校出身、中堅の町工場経営者の長男だ。ロバート・レッドフォードに似た貴公子である。安田講堂攻防戦で機動隊員に殴られて頬骨陥没の重傷を負い、その傷あとが、今は白髪になった大畑の、若き日の武勇の標《しるし》として頬に残っている。

高桐。同じく東海地方の公立高校出身、一匹狼的な骨っぽい男だ。六九年一月一〇日のラグ

ビー場突入では、圧倒的に少数だった全共闘のデモ隊を最前列でリードした。闘争の終結を狙った大学当局主宰の七学部集会の粉砕に挑んだのだが、その果敢な戦いぶりに、法闘委では〝ゲバ桐〟と呼ばれたりした。

戸山。法闘委には珍しい紳士だった。いつも、ですます調の丁寧語を使う。東大闘争の後、弁護士になって労働公安事件を手掛け、学生事件で無罪を勝ちとったりして活躍していたが、五〇代後半に重篤な病気にかかった。私は、二〇〇五年暮れ、都内の入院先を訪ねた。見舞品は発売されたばかりの島泰三『安田講堂 1968 - 1969』だ。読むと、若き頃の日々が鮮やかに蘇って元気が出た。それで、戸山も読んで元気になってもらいたいと思ったからだ。

ベッドの上に起き上がった戸山と、三七年ぶりに、東大闘争の話をした。それまでにも会うことはあったが、東大闘争の話をするのは、法闘委の仲間の内でも、どういうわけか重たく感じていた。島の本がいいきっかけを作ってくれた。私は安田講堂で機動隊員にこってりやられたことや、大畑が顔面を負傷した話をした後、戸山に訊いた。

「戸山はどうだった？」

「ぼくは殴られませんでしたよ」

戸山は三七年前のあの頃と同じように丁寧に答えた。すると、付き添っていた戸山の奥さんが言った。

「機動隊はハンサムボーイが嫌いなのね」

三人とも大笑いになった。戸山の名誉のために言っておこう。奥さんが戸山をハンサムボーイの仲間に入れなかったのは謙遜で、私を仲間に入れたのはお世辞だ。ひとしきり東大闘争のことを話して失礼したが、戸山は、翌年一月一九日、ちょうど安田講堂が陥落した日に息を引き取った。それはほんとに残念なことだったけれど、最期の別れに安田講堂攻防戦を話題にして笑い合えたことが、いい思い出になった。

稲川。宇都宮高校出身で法闘委随一の理論家だった。六八年の秋も深まるころ、法学部の学生大会に初めて弁者として登壇した。初顔の弁者だったから、稲川が何を言うのか、満場が静まり返って話を聴いていた。やがて、滔々と展開される論旨が法闘委を支持する弁論になり、法闘委は拍手喝采、宿敵の民青系諸君は下を向いて黙る、という理想的な結果を迎えた。東大闘争の後、都内で学習塾を経営しながら地域の労働運動にかかわっていたが、人生を終えたのは二〇〇四年一〇月、奥さんの話では突然のことだったという。

人吉。五〇年後も元気だ。東大に入学したとき駒場の教養学部で私と同クラス、似たような学生生活を送った。人吉も私も地方の高校の出身で、人吉は石原慎太郎の小説『青年の樹』の主人公と同じラグビー部に入り、私は少しひねりを入れてアメフット部に入った。だけど二人ともモノにならないで雀荘通い、法学部進学の成績は超低空飛行、体育の出席日数が足りなくて一緒に補講を受けた。違いは人吉の性格が人一倍明朗で誰にも好かれたことだろう。それが東大闘争を大きく転回させることになる。

山岡。とびきり寡黙な男だった。私が山岡の存在に気がついたのは法闘委がイチョウ並木で集会をやっているときだ。いつものように、宮木のアジテーションを数十人が座り込んで聴いていた。その集団の後ろに一人ぽつんと座っていたのが山岡だった。身長一八〇cm、体重七〇kgほどの体躯だから、いやでも目に付く。私は声をかけた。

「もう少し前に来ないか?」

山岡は、

「うん」

と言って集団の最後列についた。私は、あれこれ話しかけたが、返事は、うんとかすんとかばかりで、それ以上のものにはならない。〝次はもう来ないかもしれない〟と思ったけれど、次の集会にも、その次の集会にも来た。そして、だんだん、集団の前に進み、そのうち、私と一緒に最前列に並ぶようになった。山岡には東大闘争の中で何度も驚かされることになるのだが、出会った当初は、まったく思いもよらないことだった。

中野。安田講堂前の広場で直立不動の礼をした話は最初にした。中野の礼儀正しさには、わけがあった。中野は、かつては、右翼、それも本物の右翼だったといい、当時でも、二・二六事件に参画した青年将校の名前をペンネームにしていた。中野に右翼が左翼になったわけを尋ねたことがあるが、中野の答えは明快だった。

「右翼も左翼も世の中を良くしたいと思っているところは同じだ。だけど、右翼は国のことを考えるが、左翼は世界のことを考える。そこが違う」

いいねえ。あの頃、私たちは大きかったなあ。

安田講堂には、他にも、闘争後、新聞記者や大学教授になったり、商社や銀行、中央官庁に勤めたり、世界一周の放浪の旅に出たり、面白いやつがいっぱい出入りしていたけれど、それは別の機会に話すことにして、法闘委の来客の話をしよう。

秋谷。教育学部闘争委員会のメンバーだ。秋谷の場合は来客というより亡命者＝エグザイルといったほうがいいかもしれない。教育学部は、六八年九月頃から、民青外人部隊[※2]の駐屯地にされてしまい、秋谷は身の危険を感じて安田講堂の法闘委を頼って亡命してきた。ただ居候を決め込んでいては法闘委に申し訳ないと思ったのだろう。ある日、本物の〝外人〟を連れてきて法闘委のヘルメットを被らせ、英語でペラペラやっていた。律儀というべきだろうか。

遠藤。駒場の全共闘系、教養学部ストライキ実行委員会のメンバーだ。専門学部がある本郷と行ったり来たりしている活動家だったから、東大全学の〝参謀格〟だったのかもしれない。活動家というと、前にも言ったように、取っつきにくいタイプが多かったけれど、遠藤は違った。いつも冗談を言ってみんなを笑わせた。おまけに前歯が一本欠けていた。デモのときに機動隊にぶん殴られたときの、名誉の負傷だというから笑ってはいけない、とは思う。しかし、何とも親しみを感じてしまうのは、どうにも止まらない。

その遠藤が、いつもより、もっと嬉しそうな顔をして法闘委の部屋にやってきた。

「和田くん。俺たちが教養学部の事務本部を占拠したことは知っているだろ。そのとき、どういうわけか、和田くんの成績表が見えちゃってね。入学のときは良かったのに、本郷進学のときは、どうもねえ」

〝見えちゃった〟じゃないだろう、と思いながら、私は法闘委の諸君の手前、弁解がましく応じた。

「まあねえ、駒場では何かと忙しかったからね。でも、入試は良かったはずだ。全国の模擬試験でも一五番だったからねえ」

するると、横で聞いていた人吉が、さも驚いたかのように言った。

「ほ〜、和田もけっこうやるじゃないか」

人吉は一呼吸おいて続けた。

「俺は六番だったけど」

こんどは私が驚く番だった。たとえ太陽が西から上ることがあっても、人吉の成績だけは私より上になることはない、と信じていたからだ。さらにもっと驚くことが起きた。隅っこに座っていた寡黙な山岡が、誰にも訊かれていないのに、ぼそりと呟いたのだ。

「俺は二番だったけど」

東大生であることを自己否定せよ！　そう東大闘争で叫びながら、こと成績のことになると、たちまち自己肯定的になる。東大生の悲しい〝さが〟であり、刷り込まれたＤＮＡである。だから、どんな修羅場になっても、たとえ親の命日を忘れることがあっても、自分の成績だけは忘れない。私は山岡が二番だったということもあるけれど、とびっきり寡黙な山岡も普通の東大生であることを知って、驚きもし、安堵もした。

もう一人だけ、来客を紹介する。一二月のある日、中野がいかにも場違いな若い女性を案内してきた。K子だ！　彼女はミニスカート姿でハイヒールの靴音高く真っすぐ私に向かって歩いてきて、いきなり横ビンタときた。

「何日も連絡をよこさないで何してるの！」

K子は日大全共闘のシンパだ。ふだん、

「日大全共闘の議長は秋田明大くんといって名前がいいでしょ。度胸もいいの。日大で大学当局に反抗するのは命がいくつあっても足りないくらいなのに。背が高くて眉が太くて……」

というふうで、話を始めると止まらなくなる。そういうとき、私は、

「そうだよなあ、日大全共闘が、安田講堂前に三〇〇〇人くらいかな、登場したけど、かっこよかったなあ。東大全共闘のゲバルトは〝形式〟だけど、日大全共闘のゲバルトは〝実在〟だよ」

なんて言って、秋田明大から日大全共闘に、話を微妙にそらしたものだ。

それにしても、このときのビンタは、日大全共闘らしい〝実在〟だ。猛烈に気合が入っていた。

おい、中野、そこで嬉しそうに笑って見ている場合じゃないだろうが！

前置きはこれくらいにして、法闘委の戦いを語ろうか。

注記

※１　日本民主青年同盟の略称。日本共産党の青年組織で、当時、法学部の学生自治会『緑会』の執行部を担っていた。
※２　他大学の学生、ときに労働者を含む民青系のゲバルト（実力行使）部隊をこう呼んだ。

第二章　前哨戦

一　情況

まず当時の情況だ（詳しく知りたい人は、まえがきの参考文献を読んでほしい）。東大には学部が一〇学部ある。最大の学部は一、二年生全員の七一〇〇人（百人未満切捨て、以下同じ）がいる教養学部で目黒区駒場にある。他の九学部は専門課程で場所は文京区本郷だ。学生数の多い順に、工学部一六〇〇人、法学部一四〇〇人、文学部七〇〇人、経済学部七〇〇人、医学部五〇〇人、理学部四〇〇人、農学部四〇〇人、薬学部一〇〇人、教育学部一〇〇人と続く。[※1]

一九六八年一〇月初めには、法学部を除く九学部が無期限ストライキに入っていた。各学部ともストを主導していたのは全共闘系で、教育学部だけが民青系だ。東大の民青系諸君は、まじめな学生が多くて地道な活動を厭わないでやるから、多くの学部で自治会の執行部を占めていた。だけど、いざ闘いとなると上部団体の共産党の意向に従って動くようなところがあって全学的に支持を失った。劣勢になった民青系諸君は牙城の教育学部に多いときには数百人の外人部隊を駐屯させた。彼らは戦闘のプロで、九月七日に本郷キャンパスに初登場したとき、抗議したノンポリ・テント村の学生を殴りつけて五針を縫う裂傷を負わせている。[※2]全共闘は、以来、装備と訓練が行き届いた、そして荒っぽい外人部隊に手を焼くことになる。

　東大全共闘は普通の学生の集合だ。といっても〝当時の普通の学生〟という意味だ。当時は全共闘であることが当たり前のような時代だった。みんなが、医学生の不当な処分や機動隊の導入に抗議し、大学のあり方や社会のあり方、自己のあり方を、まじめに考え、まじめに議論していた。また、〝学生の集合〟というのは、全共闘には、規約もない、人事もない、金もない、けれども、安田講堂に残された落書きで有名になった〝連帯を求めて孤立を恐れず〟という言葉のとおり、自立しながら共に闘う学生たちが集まったということだ。

　全共闘には新左翼系の学生も多くいた。彼らは、民青系の上部組織である日本共産党や、その頃あった日本社会党を、戦いを忘れた〝既成左翼〟であると批判して、急進的な運動を展開していた。当時のベトナム反戦運動の高揚のなかで機動隊とゲバ棒でぶつかっていたから、ゲバルトが民青外人部隊の専売特許というわけではない。むしろ、全共闘のほうがゲバルトに親和性を持っていた。ただ、民青外人部隊のゲバルトは、権力ではなく、もっぱら全共闘に向けられたという点で違いがあった。

　というわけで、東大全共闘はノンポリから新左翼系まで、多様な思考をもつ学生たちの集合だった。東大闘争へのかかわり方は人それぞれであり、ゲバルトの行使も、よくいえば、個々の学生たちの自主的な判断に委ねられ、有り体にいえば、全共闘としては形だけのものであった。もちろん、〝当初は〟という条件がつくのだが。

東大全共闘が大学当局に要求したのは以下の七項目だ。

(1) 医学部処分撤回
(2) 機動隊導入自己批判
(3) 青医連を協約団体として公認せよ
(4) 文学部処分撤回
(5) 一切の捜査協力をやめよ
(6) 一月二九日以来の一切の事態に関して処分するな
(7) 以上を大衆団交の場で文書をもって確認し、責任者は引責辞職せよ

東大闘争は、六八年一月二九日、医学部の無期限ストライキで始まった。医学生や若手医師たちは、それまで長きにわたり、まともな養成制度もないまま隷属的労働を強いるインターン制度の改革を求めてきたが、当時、新たに導入されようとしていた登録医制度は、より一層、若手医師の教育・労働環境や医療制度を悪化させるとして、その反対運動を展開していた。ス

トには、当初、医学部一〜四年生と昭和四二年卒業生で組織する42青年医師連合[※3]が参加し、二月五日には41青年医師連合も合流した。この反対運動の過程で、医学生らは、二月一九日、病院長に対して協議を求めた際に医局長から暴行を受け、同日から翌朝にかけて医局長に抗議して謝罪文を書かせた。しかし、医学部当局は医学生らから弁明を聴かないで、三月一一日、医局長の暴行は不問にしたまま、抗議行動をした医学生一二人と研修医五人――中にはアリバイのある学生さえいた――に対し、退学を含む処分をした[※4]。

東大全共闘の要求項目第一項はこの処分の撤回を、第三項は青年医師連合を交渉、協議の当事者として承認することを、第六項は、医学部がストライキに入った一月二九日以降の学生の行動に対して処分をしないことを、大学当局に求めるものだ。東大闘争の発端が医学部にあることを反映した内容になっている。

これに対する民青系諸君の四項目要求は以下のとおりだ。

(1)　不当処分を直ちに撤回せよ
(2)　機動隊導入の経過と責任を明らかにし、二度と警官導入をしないことを約束せよ。その後、総長は辞任せよ
(3)　自主的諸団体を公認し、対等な交渉権を認めよ

(4)　全学運営協議会、学部運営協議会、研究室・教室会議を設置せよ。重要事項は、その機関を経ること

以上のことを大衆団交で確認せよ。

六八年、各学部が無期限ストを始めた日は以下のとおりだ。東大闘争の震源地となった医学部が最初で、私たちの法学部は最後になる。

一月二九日　医学部
六月二六日　文学部
七月　五日　教養学部
九月一九日　工学部
九月二七日　経済学部
九月二八日　教育学部
一〇月二日　理学部
一〇月三日　薬学部・農学部

法学部だけ無期限ストに入れなかったのは理由がある。スト反対の学生たち、私たちは当時

〝上から目線〟で〝秩序派〟と呼んでいたけれど、そのグループが他の学部と違って法学部には岩盤のように存在した。東大の建学以来、良かれ悪しかれ、国の中枢を担う人材を輩出してきたといわれる法学部である。さっさと卒業して国の中枢になりたいと願う諸君は多かったのではないか。そのため、法闘委のスト提案は民青系諸君と秩序派諸君の反対によりつぶされ、民青系諸君のスト提案は法闘委と秩序派諸君の反対によりつぶされる、という膠着状態が続いた。法学部は東大闘争全体のお荷物になりかけていた。

法学部無期限ストへの固い扉をこじ開けて全学無期限ストを実現し、東大闘争の大転回を成し遂げたのが法闘委の人吉だ。

二　法学部無期限ストライキ——あかつきの学生大会

「おい、起きろ。和田！」

私は隣に座っていた大畑に肩を叩かれて目を覚ました。時計の針は午前六時を過ぎている。ところは法文二号館三一番教室、法学部学生大会の議場だ。眠い目をこすって見ると壇上に人吉が立っている。

「一つ、大学当局は医学部学生処分を白紙撤回せよ。

一つ、大学当局は機動隊導入を反省せよ。
一つ、……」

人吉は大会決議案を読み上げていた。

話はその一六時間前、一〇月一一日午後二時に遡る。法学部で無期限ストが可決されるか、という学生大会が始まった。可決されれば、東大の開学以降初めて全学が無期限ストに突入する。これは大ニュースになると、マスコミも注目していた。ところが、例によって、法闘委、民青系、秩序派が三すくみの状態で、どの勢力の提案も否決の連続、何も決まらない。そうして徹夜で迎えた、あかつきの午前六時過ぎ、一〇回目の採決を迎えることになった。

私は途中から机に突っ伏して眠っていたけれど、その間の経緯は、大畑の説明によると、こうだった。法闘委も民青系諸君も無期限ストをやりたい。しかし、いつものように両者が反目し合ってどちらの案も通らない。ストは絶対反対という秩序派諸君の思うとおりになりそうだった。そこで、午前六時、人吉が登場した。誰にも好かれる彼の性格が民青系諸君にも受けたのだ。人吉は法闘委の七項目と民青系諸君の四項目を折衷して法闘委に近い六項目にまとめたが、そこが人吉の政治力の凄いところだ。

私は人吉にもっと凄いところがあることを知っている。東大には、当時、学生のストを禁じる「矢内原三原則」という規則があった。だから、人吉にはストを提案したとき、法闘委と民青系諸君の両方を代表して退学処分を受ける、その覚悟があった。坂本龍馬は六ヶ条の協定からなる薩摩・長州連合を仲立ちしたが、人吉は六項目の要求からなる法闘委・民青系連合を仲立ちし、しかも、それを代表したのだ。

こうして、人吉の提案は、賛成二四一、反対一三七、保留三七（現在数四三一、定足数三〇〇）で可決された。[※5] 四三一人もの学生が延々一六時間、あかつきになるまで学生大会に参加した。以下は夜が明けた当日の一〇月一二日各紙夕刊の見出しである。

朝日「東大スト〝ついに法学部も〟　活気づく全学共闘　沈痛な教官たち」

毎日「東大、全学ストに入る　法学部も徹夜集会で決定」

読売「東大スト、全学に　法学部も参加」

法学部のストライキ可決により東大は全学無期限ストに突入した。一〇月二一日は国際反戦デーだ。折しもベトナム戦争反対の国際的な運動の高まりのなかで全国一〇〇万人が参加したという。東大全共闘三〇〇〇人も街頭に繰り出し、法闘委の学友諸君も、国会や防衛庁、騒乱罪が適用された新宿に出て行った。思えば、この頃が、おかしな言い方だが、東大闘争がいちばん平和な時期だったのかもしれない。

三　提案集会——加藤総長代行拉致作戦

大河内一男総長が辞任し、一一月四日、加藤一郎法学部長が総長代行に就任した。加藤代行は、高齢で病弱だった前総長とは違い、四六歳の若さ、身長一八〇cm、体重八〇kgくらいだろうか、堂々の偉丈夫だ。東大闘争の解決は体力勝負である、そう大学当局が覚悟を決めたと、当時、全共闘では評した。

加藤代行は、就任早々、学生に対して全学集会の開催を呼び掛けた。前総長が嫌った大衆団交を受けて立とう、という横綱相撲の構えだ。これに対し、全共闘は、七項目要求を大衆団交で認めることを要求した。一貫して闘争を妨害してきた民青系諸君や秩序派諸君は有害無用だ、もし、この要求が容れられないときは全学バリケード封鎖を進める、と。一方、これまで劣勢だった民青系諸君は、このときとばかり、全学的に勢力を増してきた秩序派諸君と組んで、全学集会向けの代表団づくりを始めた。外人部隊も格段に増強し、一一月一二日には全共闘による総合図書館封鎖の試みを阻止した。

全共闘は、対抗して、一一月二二日、安田講堂前広場に新左翼系諸党派を迎え、一万人の参加による日大・東大全国学園闘争勝利総決起集会を開いた。この日の主役は日大全共闘である。集会参加者の誰もが今や遅しと待ち構える中、日大全共闘三〇〇〇人の大部隊が夜のライトに照らされて本郷キャンパスにやってきた。割れるような拍手と歓声が起きる。大学当局や機動隊との幾多の死闘を乗り越えてきた本物のゲバルト部隊だ。

「ただいま、日大全共闘の学友諸君が機動隊の妨害をはねのけて到着しました！　日大全共闘の諸君のために場所を空けてください！」

興奮の集会アナウンス。これに応えて、東大全共闘と新左翼諸党派の学友諸君は、正門からイチョウ並木を経て安田講堂まで一直線の道を開ける。その真ん中を、スクラムを組んだ日大全共闘の諸君が地響きを立てて行進していく。初めて見た日大全共闘の堂々の姿は東大全共闘に勇気を与えた。このときから、東大全共闘のゲバルトは〝形式〟から〝実在〟に、安田講堂は〝講堂〟から〝城〟に変わり始めた。

加藤代行は、全学集会の前段階として、〝提案集会〟を開催することにした。まず大学側が提案するから、それを学生側で検討しなさい、ということだ。全共闘は、もちろん、集会を粉砕の対象にした。この期に及んで、今さら〝提案〟はないだろう。全共闘の七項目要求、それを全共闘との大衆団交で承認せよ、それしか解決の道はない。

迎えた提案集会の一一月二九日午後一時、加藤代行が会場の総合図書館前広場に登場した。広場と図書館入口の階段上には全共闘六〇〇人が座り込み、周りに民青系諸君三〇〇人と一般学生や教職員が立ち並ぶ。民青外人部隊は広場から約一〇〇m南にある教育学部建物周辺に待機している。我が法闘委は、図書館の正面、広場北側の法学部研究室の前に約四〇人が座り込んだ。

全共闘は図書館階段上で加藤代行を追及した。対して、加藤代行は、これでは学生全体の集会にあらずとばかり、終始、沈黙を続けている。民青系諸君は階段の下の本郷通り側に集まって、

「加藤代行！　私たちにも発言する機会を与えてください！」

と叫んでいる。なんとも強力なスピーカーであることよ。加藤代行はこれに対しても見向きもしない。

四時半ごろ、参謀格の遠藤が、いつになく真剣な顔をしてやってきた。

「和田くん。これから五分後に加藤代行を解放する。そしたら、法闘委で代行を法文一号館の裏まで送り届けてくれ。代行が民青に捕まるとまずい。全共闘の今日の成果を奪われてしま

うからね」

私も、これ以上続けたら提案集会の粉砕ではなく加藤代行の粉砕になってしまう、と思っていたところだった。ちょうどいい。

「任せなさい！」

五分後、遠藤のいうとおり、集会が終った。

「帰れ！　帰れ！」

全共闘の掛け声を背に、加藤代行は階段を降りる。やれやれという様子で本郷通り側の藤棚の下にいる教職員の輪に入っていった。

そのときだ。私と法闘委の諸君は加藤代行に駆け寄り行く手に立ちふさがった。ひるむ代行、浮き足立つ教職員。

〝やっと終わったと思ったのに、またヘルメット集団か〟

民青系諸君のスピーカーは、ますます、がなり立てる。

「加藤代行、私たちにも！」

教育学部の方からは外人部隊が駆けてくる。

私は急いで加藤代行に言った。

「加藤代行、心配は無用です。私たちは法学部闘争委員会、これから安全な場所まで案内します」

加藤代行は教育学部の方を一瞥して直ぐに法闘委の隊列に入った。位置取りもいい。二列目の真ん中だ。隊列の先頭でデモ行進するわけにはいかないだろう。私はすぐに隊列を発進させた。教職員団も慌てて発進し懸命に並走してくる。

「提案粉砕、闘争勝利！　提案粉砕、闘争勝利！」

加藤代行は、さすがに黙っているが、足取りは確かだ。三時間も図書館前の階段に立ちっぱなしだったというのに、楽々、私たちと足並みを揃えて進む。

私は隊列のスピードを上げた。法学部研究室の脇を過ぎ、正門のところでイチョウ並木を越える。隊列は二〇〇人以上に膨らんだ。イチョウ並木の向こうにある工学部列品館を回り込めば、そこはもう安全地帯だ。全共闘の牙城、工学部の建物が立ち並んでいる。私は徐々にスピードを落として一〇〇ｍほど東に進み、法文一号館の横で隊列を止めた。法学部事務室の裏側だ。

「加藤代行、もう大丈夫です」

加藤代行は何か言いかけたが、結局、何も言わないで、ついてきた教職員団に囲まれて立ち去った。

この、ささやかな加藤代行とのデモ行進を〝作戦〟というのは少し大袈裟すぎるような気もする。けれども、法闘委にとっては、自身が本郷キャンパスの行動部隊として東大闘争の舞台に初めて公然と登場した、偉大な行進であった。

四　法学部研究室の無血開城

加藤代行は提案集会を粉砕されたが、直ちに新作戦を開始した。一二月二日、全学に提案のビラを配布し、ポスターを公示したのだ。全共闘との不利な地上戦を回避して、空中戦でいこうというわけだ。

『学生諸君への提案』と題する〝紙爆弾〟は巧妙かつ強力、アメとムチを使い分けていた。全共闘の七項目要求のうち、文学部処分の白紙撤回のほかは、ほぼ受け入れ、一方で、「もし、今後における諸君との討議をもってしても、紛争解決の方向を見出せないことになれば、東京大学にとって、非常に重大な事態が生じることも覚悟しなければならないだろう」「なお、このさい、いわゆる留年問題についてもふれておきたい」

と提案は続けた。[※6]

留年を恐れる学生たちはこれで痺れた。

〃もういいじゃないか。闘争は止めよう！〃

という大合唱が沸き起こり、秩序派諸君は一般学生を巻き込んで一大勢力に膨らんだ。

民青系諸君も劣勢を一挙に挽回する絶好のチャンス到来とみた。ますます外人部隊を増強し、秩序派諸君との連携の強化を計った。

この頃、教育学部に駐屯していた民青外人部隊の横暴は目に余った。教育学部長の嘆き節が全学に配布された『弘報』に載っている。まず一二月二日だ。

「多数の他大学学生諸君が出入し、宿泊し、事に備えて学部内に待機するという異常な事態は、教育学部に働き学ぶすべてのものの合意に支えられて行われたものと判断できない以上、早急に解消されなければならない。学部自治会が招請したこの『支援』行動に対して、自治会が礼を尽くしてこれら学生諸君の滞留を謝絶し、一切の『武装』を除去してほしい」[※7]

教育学部長は、何もそこまでと思うほどに、礼を尽くして民青系諸君に懇願した。しかし、民青系諸君にあえなく無視され、案の定、外人部隊が惹き起こした暴行事件に、一二月二三日、再び嘆くことになる。

「一二月二一日の未明明《原文ママ》らかに教育学部構内と判断される場所で行われた暴行事件は、わたくしのもっともおそれた事態が、まさしく現実となってあらわれたというほかはありません。

大学構内を通行する人物を拉致して暴行が行われたという事実であり、大学はおろか、一般社会において全く許されない行為であることは云うまでもありません」※8

しかし、教育学部長の悲痛な訴えは、ただ空しく響くばかりであった。民青系諸君は外人部隊の手引きをやめないし、外人部隊も撤退しない。

民青系諸君は露骨な多数派工作も進めた。東大闘争の始まり以来主張し続けてきた、後生大事なはずの四項目要求をあっさり投げ捨て、全共闘の七項目だろうが何でもいいと、なし崩し的に要求項目を取り換えていった。そうして、とにかく闘争を終わらせようという秩序派諸君と手を組んで、全学集会向けの「統一代表団」づくりに奔走した。

全共闘は、これに対し、全学バリケード封鎖闘争を拡大し、一二月一日に教養学部第八本館、一二月一五日に法文一号館と二号館の教室を封鎖した。そしていよいよ、一二月二三日、大学当局の本部になっている法学部研究室の封鎖である。加藤代行拉致作戦に続いて、再び法闘委の出番がやってきた。

リーダー格の宮木が、封鎖実行の前日、こう言った。

「和田くん、明日、法学部研究室を封鎖することになったよ。ついに当局が降伏して〝無血開城〟するそうだ。『反対しても、どうせ君たちは強行するだろう。それなら、条件を付けて明けわたす』ということになったらしい」

条件は二つだという。

⑴　法学部研究室の建物に入るのは法闘委に限る。入るときは当局が顔を知る大学院生を先頭にする。

⑵　教授室、書庫には立ち入らない。研究資料には手を付けない。

「当局も考えたね。結果が同じなら、人がケガしたり物が壊れたりすることは避けた方がいいから」

というのが宮木の解説だ。

全共闘は、一二月二三日午後、安田講堂前広場で総決起集会を開いた。法闘委を先頭に約四〇〇人、イチョウ並木をデモ行進して正門の手前左側に立つ法学部研究室に向った。最前列は法学部の大学院生。私は数列後ろにいた。

〝封鎖は当局と話がついているから簡単だろう〟

そう思っていたが予想は外れた。研究室の入口に阻止ラインがあった。人数は三〜四〇人か。マスコミも大勢いる。最前列は見えないけれど、そこで何やらやり取りしているようだ。

〝宮木さん、話が違うじゃないか〟

しかし、それは一瞬のことだった。私たち法闘委は、あっけなく阻止ラインを突破して、研究室に〝入城〟した。

そのとき最前列で何が起きたのか。私は五〇年後に調べることになるのだが、法学部の丸山眞男教授が阻止ラインにいて法闘委の最前列とやり合ったというのだ。調べた結果はこの本の第二部「丸山教授の遭難」に書いた。

面白いか、と?

もちろん面白い。予告編として一つだけ紹介しよう。そのときから二八年後の九六年、丸山教授の横で阻止ラインに立っていた当時政治学博士課程佐々木武氏がこんなことを書いている。[※9]

「玄関を入ってすぐのところで、金沢教授（当時、研究室主任であったという）が学生に角材でなぐりかかられて、それを素手で受け止められていたが、それは、文字通り『型』だけで、実際振り下ろされた気配はなかった。芝居の立廻りの型のようで、ピタッときまっていたのが印象に残っていて今でも消えない」

これを読んだときは思わずにんまりしたね。法学部当局と全共闘がここまで打ち合わせていたのか、と。たしかに当局が法学部研究室を〝無血開城〟することは宮木から聞いて知っていた。だけど、研究室主任の〝城主〟金沢良雄教授と〝入城〟する法闘委との〝剣舞〟まであるとは、思いもしなかったなあ。佐々木氏は『ピタッときまっていた』と書いているけど、金沢教授と法闘委は、いったいどこで練習したんだい？

法学部研究室の建物に初めて入った。誰もいなくて、静かで、床のじゅうたんにはゴミ一つ落ちていない。私たちは申しわけ程度に椅子と机を二、三個ばかり玄関ドアの内側に積み上げ、ドアの取っ手を針金で固定して封鎖を完了した。宮木の話では、その後、金沢教授が見に来て、法闘委の善良な管理者ぶりに感心して帰ったという。

五　医学部学生大会――流血の乱戦

法学部研究室を封鎖した翌日、一二月二四日は医学部学生大会の粉砕闘争だ。法闘委は休む暇がない。この日、東大闘争の火元となった医学部では、民青系諸君が秩序派諸君と手を組んで全学集会の代表選出の学生大会を開こうとしていた。彼らは議決権総数四五四人、その過半数の署名があったとして、一八〇人の医学生が教育学部前に集合した。[※10] 会場は理学部二号館、東大病院から赤門に向かう道の左側にある。右側近くの教育学部に民青外人部隊が駐屯しているので学生大会を全共闘から防衛するのに都合がいい。

その建物を使うため、民青系諸君は策を弄し、理学部当局に対して〝理学部〟の学生大会を開くと偽って使用許可を取っていた。医学生一八〇人は外人部隊三〇〇人に護衛されて理学部二号館に入ったが、「二号館玄関にはバリケードが築かれ、館内の廊下階段は黄ヘルメットの民主化行動委系の学生によってかためられた」※11。医学部学生大会が、民青系諸君による陰謀と、外人部隊の会場内外の武力制圧によりでっち上げられようとしていたのだ。

全共闘は民青系諸君の陰謀を察知し直ちに阻止行動に出た。法闘委は三〇〇人の隊列の先頭だ。士気は高い。何しろ法学徒の端くれだ。招集権限のない者が招集し議決権数の過半数に満たない者たちが集まって開く、要するにでっちあげ学生大会を看過することはできない。しかも、三日前の二一日には、教育学部長が嘆いた外人部隊による拉致・監禁・傷害事件が起きている。無法者の外人部隊を粉砕し、医学部のでっちあげ学生大会を阻止するぞ！

医学部から赤門に通じる道半ば、前方に黄ヘルメットの民青外人部隊が現われた。その数約三〇〇人、人数は互角だ。彼我の距離は徐々に近づいた。全共闘のスクラムの先頭を行く法闘委、見なれない顔が並ぶ外人部隊。三〇ｍの至近に達したとき、私たちは作戦どおりスクラムを解いて全員が外人部隊に向かって突撃した。戦国時代の足軽兵法、江戸時代の百姓一揆だ。勝負はあっという間についた。勢いである。外人部隊は算を乱してわれ先に逃げてしまった。

それにしても拍子抜けするほどの弱さだ。もしかすると東大の民青系諸君だったたか。だったら、ごめん。

続く理学部二号館攻撃、医学部学生大会の本丸包囲戦は難渋を極めた。外人部隊が詰めている二号館建物から雨あられと石が飛んでくる。理学部当局はこのとき重要な学術資料が被害を受けたと『弘報』で報告した。※12

・マラヤ地質調査所より鑑定を依頼された化石標本約一五〇個
・満州地方【その他外国各地産】の鉱床標本
・タイ国ニコン氏【採集】標本
・人類学石製標本など

外人部隊は文明を知らないのか！

私のヘルメットに衝撃がはしった。ぶつかったのはマラヤの化石ではない。本物の石だ。人類のこぶし大の石がヘルメットを直撃した。後世の史家は当時の学生のヘルメットを、どう見てもいただけない、と口をきわめて貶すが、ヘルメットが伊達ではないことを身をもって体験した一瞬だった。

横を見ると松原がいた。ジャンパーとズボンが血で真っ赤に染まっている。

「やられたか?」

と訊くと、

「ぼくじゃありません。やられたのは山岡くんです」

松原は二年先輩だけど、何時も丁寧で落ち着いた喋り方をする。

「石がまともに顔に当たって、ひどい出血でした。それで東大病院に連れて行ったとき、彼の血を浴びたんですね。骨には異常がないようです。治療が終わったら下宿に帰って安静にしているように、そう言って戻ってきました」

私は、

「もう年末だから、山岡はそのまま実家に帰るでしょう」

と言って、しばらく松原と話した。

松原は、駒場で四年間、学生運動をやり逮捕歴が四回という古強者だ。本郷に進学してからは司法試験の勉強をしていた。私も本郷に進学したあと、勉強をしなければと思い、駒場の同級生の森下がやっている勉強会に出たことがある。森下は京文化の流れをくむ地方都市の商家の長男で、法律が良くできるし本もたくさん持っていた。それで自然と〝森下法学教室〟に人が集まり、私も松原もそのうちの一人だったというわけだ。松原は東大闘争が本格化しても勉強を続けていたが、この土壇場になって、ついに一兵卒として法闘委の戦列に馳せ参じた、という。

そんな話を松原としているうちに、下宿で寝ているはずの山岡が、のっそり、戻ってきた。鼻の下、五針縫ったという傷あとに、真っ白な絆創膏が横一文字に貼ってある。

「大丈夫か？」

「うん」

山岡に驚かされたのは、模試の成績を聞いたときに続いて、これで二回目だ。

やがて戦いの日は暮れ、ついに、民青系諸君が目指した医学部の代表団選出を阻止することができた。先の話になるが、六九年一月一〇日の〝全学集会〟は七学部集会になる。東大一〇学部のうち代表団を欠いたのは、薬学部、文学部、そして東大闘争の震源地になった、この医学部である。

六　一九六八年は暮れて行く

法闘委は、年の瀬、法学部研究室の正面に正月の飾り物をぶら下げた。新年を迎えるのに何もないのは寂しかろう、という貴公子の大畑や、ゲバ桐、いや失礼、高桐たちの作品だ。ゲバ棒を斜めに二本交わし、中央、上から順に、〝法闘委〟のヘルメット、〝賀正〟の札、そしてメッセージ・ボードをつけてある。全体を針金でぶら下げたから法学部研究室の建物には一切傷つけていない、というのが大畑の説明だ。デザインといい工作技術といい、さすがに町工場で育っただけのことはある、と言いたい。

ボードのメッセージは私たち法闘委の心意気だ。

〝六九年東大闘争を戦い抜くなかから全世界の戦う人々に連帯の挨拶を送る〟

法斗委
賀正
69年東大斗争を斗い
抜くなかから
全世界の斗う人々
に連帯の挨拶を送る!

行く年の一九六八年は、日本中で、そして世界中で、人々が戦争と抑圧に抗して戦っていた。

一月：佐世保原子力空母エンタープライズ入港阻止闘争、東大医学部無期限ストライキ突入、ベトナムのテト攻勢

二月：全米の大学のベトナム反戦ハンガーストライキ

三月：ワルシャワ大学の民主化要求デモ、プラハの春

四月：キング牧師暗殺に対する全米抗議行動、黒人解放組織ブラック・パンサー党の隆盛、コロンビア大学ＳＤＳ（民主的社会を求める学生たち）による大学本部の占拠

五月：フランス五月革命、大学の不正経理に抗議して日大全共闘の結成

六月：べ平連によるベトナム反戦六月行動

七月：東大全共闘の安田講堂占拠

八月：ワルシャワ条約機構軍のチェコ進入に対する抗議行動

九月：日大全共闘二万人による大学当局との大衆団交

一〇月：国際反戦デー

一一月：沖縄嘉手納基地のＢ52爆発と県民抗議行動、……

法闘委は、こうして戦う世界中の人々と連帯して、東大闘争を最後まで戦い抜く決意でいた。

〝もし、私たちが、まるで空想家だといわれるならば、救いがたい理想主義者だといわれるならば、できもしないことを考えているといわれるならば、何度でも答えよう。『さよう、まさにそのとおりだ』と[※13]〟

七　七学部集会――ラグビー場、遥かなり

加藤代行は、六九年一月四日、前年末の入試中止決定を受けて声明を発表した[※14]。

「（全学集会を成立させることが）困難な現状では、とりあえず早急に『七学部集会』を開催し」「二月一五日頃までに、大部分の学部でストライキが解除され、また、大勢として封鎖解除の方向に進む見通しが立てられるようになれば、われわれは、あらためて入学試験断行の決定を下すつもりである」「いま東京大学は、文字通り存亡の岐路に立っており、大学の運命は、諸君の態度決定に深くかかわっている」

もはや、加藤代行は自ら提案した〝全学集会〟は眼中にない。加藤代行は呼びかけた。学生諸君、入試を止めて東大がなくなってもいいのか。それがいやなら、七学部集会で紛争終結の体裁を整えよう、東大全共闘は切り捨てよう、ストライキをやめよう、封鎖をやめよう。

この最後通牒ともいうべき、学生に対する脅しが効いた。さっそく、七学部集会が一月一〇日に秩父宮ラグビー場で開催されることになった。入試を復活したい加藤代行、東大を早く卒業したい秩序派諸君、主導権を全共闘から奪い返したい民青系諸君、その三者によって〝紛争収拾共同体〟を作り、力を合わせて何が何でも一五日までに紛争を収拾しなければならない。もはや、なりふりを構っているときではない。

何といっても東大である。どんな理屈だってひねり出せる。闘争の根もとの医学部を欠く集会でもいいのか？　もちろん、それでいい。一〇学部の過半数を超える七学部も参加するのだから。闘争を主導してきた全共闘を欠く集会でもいいのか？　もちろん、それでいい。全共闘が要求する七項目より三つも多い一〇項目も確認するのだから。機動隊の壁に守られる集会でもいいのか？　もちろん、それでいい。大学に機動隊を導入するのではなく、機動隊の中に大学を導入するのだから。

一月一〇日昼過ぎ、安田講堂に急報が届いた。午前中に七学部集会の粉砕行動に出た駒場の主力部隊が機動隊の壁にぶつかって壊滅した、と。逮捕者一四九人！　私たち法闘委は秩父宮ラグビー場に急行しグランドに突入した。見れば、正面スタンドに〝紛争収拾共同体〟が七五〇〇人、それが何やら協議している。『弘報』は、このときの様子を、こう書いている。※15

「午後二時半ごろ、全共闘系学生約二〇名が入口を突破して乱入し、その後次第に数を増して約一〇〇名に達し、グランド内においてデモを行ない、時おりスタンド内に突入を試みたが、多数の教職員、学生によって阻止された。集会は殆ど影響を受けず平静に進行した……」

う〜ぬ、悔しいけれど、そのとおりだからしょうがない。

かくして、七学部集会が終り、いよいよ、東大闘争の舞台は安田講堂攻防戦に移ることになる。だが、その前にちょっとした事件があった。

八　民青外人部隊の来襲

安田講堂に異変が起きたのは七学部集会の日、一月一〇日の深夜のこと。全共闘の大半は駒場のスト解除を目論む代議員大会粉砕のため出払っていた。私たち法闘委は、ラグビー場を駆け回った昼間の疲れもあって安田講堂二階のいつもの部屋で寝ていた。

「民青外人部隊、来襲！」

その声に飛び起きて、安田講堂五階のバルコニーに出た。

「気をつけろ、ここまで石が飛んでくるぞ！」

世話役の松山が叫んでいる。エグザイルの秋谷が、教育学部を追われたうっぷんを晴らしているのか、ここぞとばかり強肩を生かして応戦している。

下を見た。いる、いる！　講堂前広場の闇にひしめく黄色ヘルメットの大部隊。机やイス、タテカンを防石ダテにした二〜三列の陣形だ。全部で一〇〇〇人は超えるだろう。アリの通る隙もない包囲網だ。ときどき、投石機から放たれた石がバルコニーに飛び込んでくる。広場から五階バルコニーまで飛ばすのだから、ものすごい威力だ。

そのときの様子を『内藤』が書いている。※16

「日共系が反撃に転じたのはこの時だ。全共闘がガラ空きになった本郷キャンパスで日共系のゲバルト部隊一五〇〇人が封鎖された建物の一斉解除に乗り出したのである。ヘルメットに角材、防石ダテを用意し、コンクリート片などで完全武装した日共系は全共闘の本拠地、安田講堂に押しかけた。守りに回った全共闘は留守部隊がわずかに数十人。日共系の一人舞台だった。まず法文一、二号館を簡単に封鎖解除したうえで〝安田攻め〟を始めた。〝投石機〟までが登場して、安田講堂の窓という窓はほとんどたたき割られる。コブシ大の石がうなりをあげてとびかう」

けれど『内藤』は、一つ、重要なことを書き落とした。安田講堂には全共闘の留守部隊数十人のほかに、その日、援軍として入城した数十人の学生が中央バルコニーに布陣していた。首都圏から集まった赤ヘル部隊の精鋭だ。

民青外人部隊は、投石のあと、笛の音に合わせて包囲陣を縮めた。防石ダテを押しながら前進する。そうか、これは〝形式〟ではない！　本物の安田講堂防衛戦、命がけの戦闘になる！　そのときだった。ひと筋の赤い炎が安田講堂の中央バルコニーから宙に飛び出した。広場に向かって、ゆっくりと放物線を描いていく。火炎ビンだ！　当時、安田講堂にあるともないとも言われていた火炎ビン。旧日本軍がノモンハンの対戦車戦で使い、日本共産党が五〇年代の街頭闘争で使った、伝説の〝貧者の兵器〟火炎ビンである。

一本、そして、また一本。そのうち、燃える放物線が広場の中央、民青外人部隊のど真ん中で真っ赤な火球になった。瞬間、外人部隊の一人が火だるまになって立ち上がった。両手を虚空に上げ、ふらふら歩いている。まるでアクション映画のワン・シーンだ。まわりの外人部隊は呆然として見ている。と、左手にいた外人部隊の一人がコートを脱ぎながら火だるまに近づいた。そのままコートで火だるまを包み込み、もろともに地面に倒れこむ。覆いかぶせたコートの上から火だるまを両手でバタバタ叩くと、火が消えた。すぐに二人は立ち上がって歩き始めた。ダメージは大きくないらしい。敵ながらあっぱれだ。沈着冷静、そして勇気。恐るべきは民青外人部隊！

恐るべきは安田講堂！　一方で、民青外人部隊のリーダーはそう思ったであろう。このまま安田講堂に突入したらどうなるか。軽い火傷ではすまない。攻撃中止！　外人部隊は笛の音で一斉に戦線を下げた。安田講堂からの火線の外、広場の外側に沿って円形の包囲網を敷いた。やがて、時計の針が回って翌一一日未明、外人部隊の本隊は教育学部に引き上げ、小部隊が安田講堂を囲む要所やイチョウ並木、そして正門などキャンパス入口に残った。持久戦の構えだ。

一一日の朝になっても、駒場に遠征した全共闘部隊は戻らない。民青外人部隊の検問を突破できないらしい。その日のうちに、外人部隊によって法学部研究室、工学部列品館の封鎖が破られた。また、前年一二月末の法学部と経済学部に続き、理学部、農学部、教育学部の無期限ストが解除された。民青外人部隊は勝ち誇って安田講堂前広場をデモしている。私たちは切歯扼腕、安田講堂五階バルコニーから睨みつけるだけ。

だが、その日の夕方、イチョウ並木や安田講堂前の広場の様子が変わった。ヘルメットを被っていない学生たちが少しずつ現われ始めたのだ。民青外人部隊を遠巻きにしながら、静かに、そして雲霞の如く増えていく。いったい彼らは誰だろう？　三五年後、その答えを、当時、理学部学生だった唐木田健一が書いている。[※17]

「夕方、私は安田講堂前にいた。講堂前も銀杏並木もきょうは民青の黄ヘルメットが我が物顔でデモを繰り返していた。彼らのスピーカーは、誇らしげに、各学部におけるスト解除の模様を伝えていた。……こんな無節操なことが許せるか！　私は黄ヘルメットの一団のデモをやり過ごしたあと、銀杏並木の傍らにあった木箱の上に乗って、周囲の人々に対し精一杯の大声を張り上げた。『全共闘に結集する全学の学友諸君！』　どうしよう！　アジ演説などこれまでやったことがなかった」

民衆の一斉蜂起が始まったのだ。ノンヘルの一般学生が投石を始めた。四方八方から、民青外人部隊をめがけて、集中砲撃！　たまらず逃げ出す外人部隊、追い打ちをかける一般学生。私たち守備隊は講堂前広場で勝利の歓声を上げる大勢の一般学生に応えて、安田講堂の屋上バルコニーから手を振る。やがて、広場に全共闘の主力部隊が帰還した。フランス大革命もかくありなん！

注記

※１『島』三四六頁
※２『内藤』一二八頁以下

※3　昭和の卒年毎に組織された若手医師の運動体
※4　医学部闘争の経過は『砦』九頁以下に詳しい。
※5　『弘報』二五頁
※6　『弘報』九九頁、四三四頁以下
※7　『弘報』一〇〇頁
※8　『弘報』一六五頁
※9　佐々木武「あの日、あの時のこと――記憶のなかの一九六八年十二月二十三日」（『みすず』一九九六年一〇月）五五、五六頁
※10　『弘報』一六七頁
※11　『弘報』一七一頁
※12　『弘報』一七二頁
※13　チェ・ゲバラ
※14　『弘報』一五九頁
※15　『弘報』一七七頁
※16　『内藤』二〇五頁
※17　唐木田健一『東大闘争私史　1968年には何があったのか』（批評社、二〇〇四年）二二三頁

第三章　安田講堂攻防戦

一　援軍、全国より来たる

一九六九年一月一五日、機動隊導入は、もはや時間の問題となった。安田講堂の防衛に向けて、全国から新左翼諸党派の学友諸君が集まってきた。東大闘争勝利・全国学園闘争勝利労学総決起集会である。その数三五〇〇人、うち約五〇〇人が本郷キャンパスの主要な建物に入城した。安田講堂に約三〇〇人、法学部研究室に約一七〇人、工学部列品館に約四〇人。安田講堂のバリケードは、幾多の実戦を経験してきた盟友日大全共闘の支援によって、格段に強化された。今や〝安田城〟である。工学部列品館と法学部研究室は〝安田城〟に至るイチョウ並木の入口に建ち、防衛の要衝の〝出城〟になる。

〝安田城〟や〝出城〟には、支援に来た学友諸君たちが己の正義と信じる新左翼諸党派の旗がへんぽんとはためく。新左翼諸党派の主義主張は多様だ。けれども、戦争のない、抑圧のない、差別のない、すべての個人が自由に生きられる社会を実現する、そういう左翼の理想が未だ光芒を放ち青年たちの正義感をつかまえていた時代であった。学友諸君は背中のナップサックに己の党派のヘルメットを一個入れ片道切符を手に持って、本郷キャンパスにやってきた。

人生をかけて戦うために。

二　残るべきか、出るべきか

〝安田城〟に誰が残るか、東大工学部の都市工学科では会議をしたという。

「誰も顔を上げられず沈黙が支配した。皆誰かが残らないといけないとは思っているが、自分が残る、という決断はなかなか下せないのだ。私自身、もしかしたら生きて出られないかもしれない、という怖さと、母一人子一人の生活、高齢の母のことを思うと、下を向いて黙っているしかなかった。暫く経って、『じゃ俺が残る』と石井君が言ってくれた時は、正直、ホッとした[※1]」

そのとき「じゃ俺が残る」と言った石井は、宇都宮高校出身、全共闘運動では工学部自治会委員長、安田講堂攻防戦では法闘委以外の本郷学生部隊のリーダー格だった。その後、東大地震研闘争や成田闘争に参加、卒業後は建築事務所等に勤務した。しかし、二〇〇五年一月、同じ宇都宮高校出身の稲川（二〇〇四年一〇月逝去）を追うようにして、この世を去った。先のエピソードは石井の遺稿集からのものである。

東大闘争への関わり方は人それぞれであり、おかれた個人的事情も人それぞれである。その後の人生もまた人それぞれであろう。残るべきか、出るべきか。決めるのは本人しかいない。そしてまた、誰がその決断を責められようか。しかし、法闘委の場合、「じゃ俺が残る」と言って石井が残った都市工学科とは、いささか趣を異にした。

安田講堂に残る法闘委のメンバーは私を含めて二〇人。他の学部では多くても数名だというのに、しかも最も遅く無期限ストライキを開始し、最も早くこれを解除した法学部で、何故二〇人も残ったのだろうか。もちろん、法闘委がそれまで東大闘争の多くの局面を戦い抜いてきたことが大きな要因であっただろう。けれども、各自の決意を改めて確認したことはない。

安田講堂によく泊まり込んでいた高桐は次のように語っている。[※2]

「すごく闘争の状況にはまってたもんだから、それが終わるということにたいしての逆の意味の恐怖感みたいなものがあるような状況だったと思う。……それと、これでがんばらなくちゃ男が廃るというのか、悔いが残るみたいな、そういう気持ちもあったし」

高桐のような気持ちでいたのは、安田講堂の常連だった法闘委メンバーの多数派かも知れない。しかし、中には年末の土壇場に戦線に馳せ参じた松原もいる。攻防戦の前日、突然やってきた友永もいる。友永は松原と同じ〝森下法学教室〟のメンバーだったから顔は知っていたが、東大闘争のなかでは、ついぞ見かけたことがなかった。だから、私は、

「いいのか？」

と訊いたのだが、友永は、

「俺はいい」

と、断固とした口調で答えて安田講堂に入ってきた。

安田講堂攻防戦は生命のやり取りを目的にする戦いではない。しかし、はずみで生命を失うこともあるだろう。逮捕され、勾留され、さらに裁判が待っているかもしれない。少なくても確実に言えることがある。このまま卒業していけば〝東大卒〟の肩書で、そこそこの人生は送れるだろう。人生の終着駅まで指定席にいるようなものだ。君は、その指定席からわざわざ飛び降りて荒野を歩いて行こうというのか。

〝それでも、いいのか？〟

と、私は友永に尋ねたのだった。

同じ質問は安田講堂攻防戦に志願してきた何人かにした。迷いながらも残ろうとする友人には、

「先着順というわけではないけれど、法闘委の人数は足りている。それより、外に残って今後の運動を続けてほしい」

と頼んだ。前から安田講堂にいるのと違って、突然入るのは余りにも重すぎる決断だろう。残りたくても残れないメンバーもいた。元右翼の中野だ。

「申し訳ない。残念だ。安田講堂に残りたいし残るべきだと思っていた。でも残れなくなった」

「どうして？」

「外に出て今後の運動をリードすることになった」

中野は、そう言ってから、その役目を代わってほしそうに私の顔を見た。

「すまないが、俺は、お前と違って地道な活動ができるような人間じゃない。俺の東大闘争は安田講堂で始まり安田講堂で終わる。そう決めている。それより、このあと外に出て運動するほうが、よほど大変だろう」

安田講堂という拠点がなくなったあと、全共闘運動を再構築することは実に骨の折れる作業になるだろう。砂を噛むような思いもするはずだ。大学当局も学生の大勢も〝正常化〟に向かって邁進しているのだ。中野は既にそのことを覚悟しているのか、私の答えに、

「まあねえ」

と言って苦笑するだけだった。

「お互い元気でいたら、また会おう」

再会を約束して別れた。

エグザイルの秋谷も外に出た。安田講堂攻防戦に呼応して起こす街頭闘争〝神田カルチェラタン闘争〟の指揮者が彼以外にいなかったからだ。後に、秋谷は、

「居候としてもそれなりの覚悟をしていたのに外へ出たということは、何かヒコーキに乗り損なった特攻隊員のような、といえば大げさだが、とにかく、どう処理してよいかわからない〝心情〟が残った」

と述懐している。

私の兄は工学部の全共闘系で迷いながらも残ろうとする口だった。私は、このときばかりは断固として拒絶した。

「『うちの息子は二人とも東大で』と自慢するのがおやじの生きがいだ。それが『うちの息子は二人とも刑務所で』と悲嘆するようになったら、和田家はどうなる。弟はまだ中学生、おふくろは専業主婦じゃないか」

兄は、幼いころから、私が言い出したらきかないことをよく知っていた。そして、このときの兄の英断が和田家を滅亡の淵から救った。父はサラリーマン人生を全うし、おまけに、『うちの息子は二人とも東大で』とは決して言わなくなった、つまり、ほどよく自己否定を成し遂

げた。弟は立派に成人し、母は今も健在である。人間、撤退する勇気が必要なときもある。

三　東大全共闘、最後の集会

六九年一年一七日、いよいよ明日、機動隊の安田講堂総攻撃が始まる。迎え撃つ安田講堂、夕闇迫る講堂前広場で東大全共闘の最後の集会が始まった。参加者は全部で三〇〇人もいただろうか。安田講堂に残る者、外に出る者、それぞれが思いを胸に秘めて押し黙り、しわぶき一つ聞こえない。東大全共闘議長山本義隆が演説を始めた。独特の早口、悲壮感溢れる声、長身瘦躯、清廉高潔な人柄といわれる理系の大学院生だ。横にいた工学系の大学院生が私に言った。

「最近の山本はキリストに似てきたと思わないか」

白いジャンパーを着て演説するその姿は、なるほど、キリスト然としている。山本は、この後、安田講堂の外に出て闘争を継続するという。東大全共闘の十字架を背負って、遠くどこまでも行くのだろうか。

演説を続ける山本の背後に安田講堂が屹立している。昨年七月二日に全共闘が封鎖してから半年以上、運動の拠点になってきた。三階大講堂では数多の集会を開いた。自主講座も行った。音楽コンサートをやったこともある。二階の法闘委の部屋では熱い議論を交わし、身体を休め、毛布にくるまって寝た。

東大闘争とは何か。医学部闘争から始まり七項目要求を掲げた運動は、どんどん深化して、東大とは何か、東大生とは何か、教育とは何か、それを、社会の仕組みの中で捉え直し、改革していこう、という運動に発展してきた。法学部は、建学以来、社会の中枢を担う人材を養成してきたけれど、果たして、それで社会は良くなったのか。かえって、法学部は人々を抑圧し管理する役割を営々と担ってきたのではないか。法学部の教育はこのままでいいのか。そして東大法学部生はいかに生きるべきなのか。

もちろん、その運動は端緒についたばかりであり、解決への道は遥かに遠い。だから、加藤総長代行、秩序派諸君、そして民青系諸君！　君たちが、

〝東大を潰さないでくれ！　入試をやらせてくれ！　早く卒業させてくれ！　闘争をやめてくれ！〟

と、なりふり構わず叫んでも、私は君たちを責めたりはしない。ただひたすらに闘いを進めるだけだ。

キリストが、いや、山本が演説を終えると、全共闘の集会参加者は一斉に立ち上がった。山本は私に向かってマイクを差し出しながら言った。

「私はもう喉が枯れて声が出ない。最期のシュプレヒコールをやってくれないか」

「もちろんです、やりましょう」

私は、それが何かとても大切なものであるかのように、山本からマイクを受け取った。

そして、シュプレヒコールを叫ぼうとした瞬間、私を肩車して一気に担ぎ上げた男がいた。山岡だ！　私を担いだまま微動だにしない。山岡に驚かされたのはこれで三回目になる。名馬にまたがれば、将の士気はいやでも高まる。私は山岡の馬上高く背筋を伸ばし、マイクを構えて全軍に向かって叫んだ。

シュプレヒコ～ル
東大全共闘は戦うぞ～

最後の最後まで戦うぞ～

戦うぞ～、戦うぞ～、戦うぞ～

ああイ～ンタナ～ショナ～ル～、われ～らが～もの～

四　安田城

安田講堂の構造は複雑だ。言葉で説明するのは難しい。しかし、間もなく、警察官も、検察官も、裁判官も、みんなが言葉で説明することになる。私もやってみよう。

まず位置だ。国道一七号線（本郷通り）から東大本郷キャンパスの正門を入る。すると左右に立つイチョウ並木の正面に安田講堂が建っている。二〇〇mほど先に時計台が見えるだろ、あれだ。イチョウ並木の左手には三階建ての工学部列品館、右手には四階建ての法学部研究室がある。両方とも攻防戦の要衝で〝安田城〟の〝出城〟になるが、一月一八日に壮絶な最期を遂げる。イチョウ並木を進むと、左手に法文一号館、右手に法文二号館がある。そして、両建物と向き合うように広場を挟んで建っているのが安田講堂だ。

安田講堂は、近くで見るとわかるけど、広場より一〇mくらい下の地面に建っている。広場と建物は数m離れているから、その間に深さ約一〇m、幅数mの〝堀〟があることになる。広場から建物をつなぐ唯一の通路が、縦横高さ約一〇mのコンクリート製車寄せだ。これが〝安田城〟の大手門になる。広場と建物地面との高低差のため、四階建ての安田講堂は広場側からは二階建てに見える。建物の形は表の広場側は横長の方形、中央に五層の時計台が立つ。裏側は半円形のドームで、その三階が大講堂、四階が大講堂の二階席だ。一言でいうと、安田講堂は前方後円鉄筋コンクリート造赤レンガ貼四階建五層塔屋付建物となる。

建物内部の一階と二階は事務室、警備室、用度室などで、ロッカーや机などバリケードの潤沢な供給源だ。各学部の闘争委員会は、二階の各部屋を自分たちの執務室、会議室、休憩室、食堂、寝室にと、多目的に利用した。三階は、車寄せから入ったところに玄関ホール、その先に大講堂の一階（建物の三階）がある。大講堂の席数は七〇〇余、中央に舞台がある。大講堂は〝安田城〟の本丸で、ここが落ちたら戦闘は敗北である。建物四階は表側に総長室、会議室、裏側に大講堂二階席がある。

時計台のある塔屋には五階から上がれる。入口は人が一人通るのもやっとというほど狭い。潜水艦のハッチのようだ。五階から九階屋上まで狭いらせん階段が続く。五階左右に小部屋があり、そこから五階南北にある屋上バルコニーに出られる。バルコニーは広々した空間で、視界も広く、安田講堂の正面だけでなく、側面と裏側の一部を見下ろすことができる。周囲は高さ一mほどの擁壁に囲われ、催涙弾や放水から身を隠すことができる。五階南北のバルコニーは〝安田城〟攻防の要衝になる。

五階バルコニーから大講堂の屋根に上ることができる。ドーム状の屋根は足場が悪いが、屋根伝いにドーム先端の二ヶ所ある階段室の屋上に行くことができる。ドーム屋根にも階段室屋上にも擁壁はないから、催涙弾や放水から身を隠すことはできない。油断すれば地上に転落する危険がある。〝安田城〟の全戦線のうち、最も危険で過酷な辺境の地だ。しかし、裏手からの攻撃を防ぐためには、ここにも守備隊を送り込まなければならない。

塔屋六階から五階左右にある小部屋の屋上に出られる。また、塔屋九階から地上約四〇ｍの高さにある時計台の屋上に出られる。それぞれ、前方広場に向けた火線の範囲は広くて遠い。狭いので少人数しか配置できないが、強力な拠点になる。

予想される機動隊の侵入ルートはどこか。まず、〝安田城〟の大手門。車寄せの三方が広場に向けて開口し、残りの一方が建物に入る玄関口だ。建物と広場の間に〝堀〟があるから、正面広場からは唯一の侵入ルートになる。広場の下になるが、〝安田城〟の一階には四ヶ所の入口がある。表側の方形部分の左右に二ヶ所、裏側の後円部分に二ヶ所。建物周囲の一階から四階の全面に、大人が少し身を屈めれば通れるほどの大窓がついている。つまり、建物一階は四ヶ所の入口と全面の大窓が機動隊の侵入ルートになる。

いかに侵入を阻止するか。まず、頑強なバリケードだ。それは幾多のバリケード戦を耐え抜いた盟友日大全共闘の協力で作られた。侵入ルートにロッカーや机を積み上げ、太い針金で縛り上げて繋ぐ。これは簡単には崩せない。とくに正面車寄せのバリケードは厳重に作り上げられた。古来の攻城戦では、敵軍の侵入を阻止するため、橋を落としたり手前に跳ね上げたりするが、さすがにコンクリート製車寄せは動かせない。そこで、車寄せの広場側三つの開口部を厚板で塞ぎ、その内側に隙間なくロッカーや机を積み上げた。機動隊が車寄せ正面側にあるわずかな死角に取り付いても、小人数ではバリケードを破るのは難しい。

建物一階は侵入ルートが多すぎて守ることは困難だ。そこで、一階から二階、次いで二階から三階に上がる各四ヶ所の階段にバリケードを築いた。機動隊が一階に侵入しても、本丸の三階大講堂に達するまでには、少なくても二階と三階に上がる二ヶ所の階段のバリケードを突破しなければならない。

次に守備隊の配置だ。限りのある〝兵員〟を如何に効率良く布陣するか。〝安田城〟の上から順に、九階時計台屋上、五階南北小部屋の屋上、五階南北のバルコニー、後部ドーム屋根、そしてドーム後方二ヶ所の階段室屋上に、そして内部では、一階、二階の階段と、大講堂三、四階の窓に、それぞれ布陣した。

もっとも、誰がどこに布陣するかは簡単には決まらなかった。というのは、守備隊は、東大全共闘のほか、全国から結集してきた新左翼諸党派の学友諸君の混成部隊だ。それぞれ人数も違えば戦闘力も違う。中には、当然予想されるテレビ中継にできるだけ露出する場所を望む党派もある。作戦会議では、東大全共闘の防衛隊長今井澄や事務局長の医学生Ｍ、全闘連を組織する大学院生らが党派間の調整に手間取っていた。Ｍは、

「法闘委はいつも粛々としていて頼もしいなあ」

と、私に愚痴とも激励ともとれる口調で言ったものである。それまで知らなかったけれど、大学院生や医学生は、私たち学部生より年長であるだけに、闘争のいろいろな場面で苦労を背負っていた。

東大全共闘は、大学院生の全闘連部隊が会議室の全共闘本部に、本郷学生部隊が三階大講堂に、それぞれ布陣した。大講堂の外廊下の大窓は、すべてガラスを取り除き、ベニヤ板を貼って塞いだ。ベニヤの中央に縦一m、横六〇cmほどの四角の穴を空け、穴にスライド式の扉を付けてある。機動隊を迎撃するときは扉を開け、催涙弾や放水がきたときは扉を閉める設計だ。これも日大全共闘のアイデアだろうか。城壁や軍船でいえば、〝銃眼〟〝狭間〟〝石落とし〟にあたるが、本書では〝狭間〟と呼ぼう。

本郷学生部隊は、法闘委の主力一七人と、経済、文、工、理、農、薬など各学部の混成部隊二五人で、全体を理学部闘争委員会の島が指揮する。※3 法闘委は、ほかに、党派の部隊に入って別の守備位置についたメンバーもいる。五階南バルコニーの松山、二階の西と小野で、法闘委の総計は二〇人だ。

〝兵員〟に余裕があった法闘委は、稲川を全体の戦況を把握する〝情報将校〟に指名した。

法闘委の多くは、ワンゲル、バスケット、ラグビー、アメフット、ボート、野球、陸上などをやってきた〝体育系〟だったから肉体労働に適し、理論家の稲川にはインテリジェンスをやらせたらよいという素朴な理由からだ。そうと決まると、生真面目な稲川は、二つの〝特殊兵器〟を調達してきた。潜水メガネとパチンコである。

「潜水メガネで催涙ガスを防ぎ、パチンコで機動隊員を追い払う」

というのが、楽しそうな稲川の説明だった。ついぞ、稲川からパチンコの戦果を聞くことはできなかったが、かわりに『佐々』が攻撃した警察側から書いている。※4 警察のヘリコプターによる〝安田城空襲〟場面だ。

「彼らは舞い降りてくるヘリに向かって投石したり、ゴムひも付きのパチンコで鉄のパチンコ玉を飛ばしてくる」「透明なプラスティックのヘリコプターの風防にパチンコ玉がカチン、カチンとあたり、ひびが入る。『宇田川代理、危険です。退避します』不安を覚えた小安庄平操縦士は急上昇する」

稲川は、案外、〝武闘派〟だったのかもしれない。

五　安田講堂攻防戦──六九年一月一八日

「お〜い、みんな、起きろ。機動隊がやってきたぞ！」

その稲川の声がした。

「総員、戦闘配置についてください！」

時計台のスピーカーが叫んでいる。防衛隊長の今井だ。時計を見ると午前七時過ぎ、いよいよ始まる。持ち場の二階大講堂の廊下に行くと、都市工の石井が狭間から外を見ている。石井は、聡明という言葉がぴったりする、いつものクリっとした瞳を輝かせながら言った。

「ほ〜、たくさん来たね」

石井がものごとに動じるのを見たことはなかったが、このときもそうだった。

石井と並んで狭間から外を覗くと、安田講堂の南、本郷キャンパスの龍岡門方向から機動隊が行進してくる。御殿下グランドの脇を過ぎ、三四郎池手前の緩やかな坂を上がって安田講堂正面広場まで続く。灰色の装甲をした警備車両が、一〇台、二〇台、三〇台、そして、放水車、防石車、レッカー車……。後ろに、銀色の大ダテを冬の朝日に輝かせながら、重装備の機動隊員が行軍してくる。隊列はいつ切れるとも知れない。総兵力は警備車両九六台、ヘリコプター三機、催涙弾一万発、ピストル部隊八〇人、総勢八五〇〇人だという。[※5] 狭間から、二〇mほど離れた向かいのクスノキやヒマラヤスギの大木の下に、大ダテを構えた機動隊員の大部隊が見える。正面広場に陣取った機動隊の将官は、

「きみたちは完全に包囲された。無駄な抵抗はやめなさい！」

と繰り返し呼びかけてくる。

機動隊は民青外人部隊とは違う。近代装備を持った圧倒的な〝軍隊〟である。私は、そのとき、中学生のときに観た映画『アラモ』を思い出した。アラモ砦を守るのはテキサス独立軍と義勇兵の総計一八〇余人、攻めるのはメキシコ正規軍六〇〇〇人。兵力、火力とも力量の差は歴然、砦の守備隊は全滅する。しかし、やがてテキサスは独立してアメリカの一州になり、守備隊は英雄として歴史に刻まれる。はたして安田講堂攻防戦は〝アラモ砦〟の戦いになるのか。それとも、星の数ほどあった数多の戦いのように、勝者の語る歴史だけが残り、敗者は忘却の淵に沈んでいくのか。

午前八時三〇分、乾いた破裂音が冬晴れの本郷キャンパスにこだました。戦闘開始を告げる催涙ガス銃の一斉射撃である。円筒形の催涙弾が火煙を引いて飛んできて、狭間のベニヤに当ってバシッと音を立てる。鼻を突き刺す異臭が大講堂の中に侵入してくる。これを迎え撃つ〝安田城〟。三階、四階の狭間、五階バルコニー、五階小部屋屋上、ドーム屋根、そして時計台屋上、

すべての〝砲門〟を開いた。

機動隊員が一人、向かいの大木の陰から飛び出してきた。頭上にジュラルミンの大ダテをかざし、〝安田城〟に向かってジグザグに走りながら突進してくる。流石だ。機動隊から援護射撃の催涙弾がバン、バン飛んでくる。しかし、〝安田城〟の火線が突進してくる機動隊員に集中し、機動隊員はすぐに退却した。機動隊は〝安田城〟の迎撃態勢を試したのかもしれない。

午前九時、放水銃による高圧放水が始まった。まともに浴びたら吹き飛ばされる。しかし狭間にはスライド式扉がついている。放水が近づけば扉を閉め、通り過ぎれば開く。放水は滝のような音を響かせながら狭間の扉を叩く。まず法闘委の狭間、次に混成部隊の狭間。まるで、隙のある獲物を狙うかのようだ。

そのうち、一つの狭間のベニヤ板が内側にふくらんだ。放水の圧力に押し込まれたのだ。放水はここぞとばかり集中して攻めたててくる。水がベニヤの隙間から大講堂の廊下に流れ込む。そこの守備隊の一人が必死にベニヤを抑えている。しかし、放水の勢いは強烈だ。ベニヤはヨットの帆のように膨らんで、今にも吹き飛ばされそうになった。

それを見た法闘委のメンバーが二人、ゲバ棒を持って駆けつけた。内側にふくらんだベニヤの真ん中にゲバ棒をグイッと押し当て、ベニヤを押し戻す。一瞬、狭間の隙間から吹き込む水煙に日が差して、小さな虹の中に二人のシルエットが浮かんだ。戸山と友永！　二人は力を合わせて必死にベニヤを押し返す。二人とも隙間から吹き込む水でずぶ濡れだろう。それでも、二人は、耐える、耐える、耐える！

だが、放水の威力は圧倒的であった。ベニヤはついに吹き飛ばされて廊下の反対側の壁に叩きつけられた。がら空きになった大窓に容赦なく放水が浴びせられる。大量の水が奔流になって、廊下、そして大講堂に流れ込んだ。赤じゅうたんが水を含んで黒く見える。催涙弾も絶え間なくその窓から飛び込んでくる。快適だった〝安田城〟の空間は水と寒さと催涙ガスで完全に失われた。しかし、興奮と緊張のせいか、寒さにも催涙ガスにもすぐ慣れた。

〝安田城〟にラジオがあるのだろうか、稲川が外のニュースを大声で伝える。

「いま、工学部列品館で催涙弾の直撃を受けた学生が重体になったというニュースが入りました。催涙弾に気をつけてください」

それを聞いて講堂内は静まり返った。催涙弾の威力というより、〝戦友〟が犠牲になったという、その冷厳な事実がそうさせたのだ。

昼を過ぎ、機動隊が本格的な〝城攻め〟を開始した。狭間の下に警備車が近づくのが見える。警備車の後には板葺きの大きな網の箱が続く。〝鳥かご〟の化け物だ。〝鳥かご〟の中には機動隊員がぎっしり詰まっている。援護する催涙弾が連続して飛んでくる。対して、〝安田城〟の火線が〝鳥かご〟目掛けて猛烈に火を噴く。警備車の装甲に命中した石の音がゴン、ゴン、聞こえてくる。〝鳥かご〟の屋根に向かって火炎ビンが飛ぶ。それでも警備車と〝鳥かご〟は〝安田城〟に接近し、ついに狭間の真下、死角に入った。……数分後、警備車が死角から出て引き上げて行った。

その間の、〝安田城〟の狭間から見えなかった様子を朝日新聞が書いた。[※6]

「南側の裏口付近に警備車一台が横づけになった。この車の中に機動隊員がはいって、講堂の窓をこわして突入する作戦だ。機動隊員らは催涙弾の援護を受け、屋根が板張りで、金網ばりの大きな鳥かごのようなものの中にひそんで警備車にはいりこもうとする。真上からひとかかえもあるほどの石が落ちてきて〝鳥かご〟の屋根でものすごい音を立て、屋根の板がくだけて飛散る。逃げだした隊員が警備車にたどりついた瞬間、屋上からこんどは火炎ビンが投げられ、車の下で爆発、猛烈に燃え上がった。後方の指揮者が『ひけ、ひけ』と叫ぶ。ノロノロと方向を変えて警備車は引きさがった。機動隊員らが真青な顔でドアから飛出した」

外から見える戦闘の様子は凄まじいものだったようだ。そのときだったか、

「撃ち方やめ〜っ！」

という松原の声がした。

「どうした?」

と訊くと、

「機動隊員が火に包まれた。無力になった敵兵を撃つべきじゃない」

さよう、法闘委は兵士であり、暴徒ではない。

稲川がまた外のニュースを伝える。

「神田カルチェラタンでは一万人の学生、市民が集まっています。御茶ノ水交番も攻め落としました!」

それを聞いて講堂内は沸き返る。エグザイル秋谷よ、みんなを連れてここまで来い! 戦いは予想以上の展開になった。

六　小康

やがて日が暮れ、機動隊の攻撃は止んだ。一日を守り抜いたことの安堵が安田講堂の中に広がった。大講堂中央の舞台には大量のにぎり飯が並んでいる。

私は外の様子を見に五階に上がった。南の小部屋に入ると、バルコニーの守備隊が思い思いの格好で休んでいる。真ん中の椅子にビッグネームの五木が座っていた。

「下の様子はどうだい？」

五木は、ここの守備隊のリーダー格で、駒場の東大全共闘だ。入学は二年先輩らしいが、教養学部にずっといる。

「みんな元気ですよ。でも、放水にはまいりました。窓を破られて講堂はびしょ濡れです」

そう答えると、五木は笑いながら、

「放水か。ここは滝の中で戦っているようなものだ。みんな全身ずぶ濡れだよ」

と言って、催涙弾を警戒して軽く被っていたヘルメットを脱いだ。その髪の毛は水に濡れて黒く光っていた。後年、よく安田講堂攻防戦がテレビの特別番組で放送される。映像の中に、大量に浴びせられる横殴りの放水の中から学生が現れて火炎ビンを投げる場面がある。まさにこのバルコニーでの戦闘である。あのときの、

「ここは滝の中で戦っているようなものだ」

という五木の言葉が誇張ではなかったことがわかる。それも、ある夏の日の海辺の出来事ではない。凍てつくような寒さの、真冬の建物の屋上の出来事である。五木は、翌一九日の夕方、〝安田城〟が陥落する直前に、静寂を迎えた戦場に向かって、このバルコニーから最後の演説をし

たという。[※7]

「われわれの最後の戦いのメッセージをお送りします。国家権力に支えられ、近代的装備を持った機動隊に対し、われわれが無防備に近い肉体によってなぜ最後まで戦いをやめないか。みなさんに真剣に考えていただきたい……」

バルコニーに出た。機動隊の投光機が放つ強力な明かりが眩しい。濡れたバルコニーの床がキラキラ輝いている。広場を見下ろすと、ずんぐりした警備車が安田講堂を遠巻きに取り囲んでいる。要所には大ダテを立てた機動隊員が並び、その後ろの彼方此方で機動隊員が焚き火を囲んでいる。安田講堂の中も寒いが、広場はもっと寒いかもしれない。彼らは今日の戦果を話しているのだろうか。明日の作戦を相談しているのだろうか。それとも、ふるさとのお国自慢だろうか。〝安田城〟の学友諸君もそうだが、機動隊員も全国から召集されたと聞く。

このバルコニーには、東大闘争の間、よく上がった。民青外人部隊の夜襲に応戦したのもここだ。正面を向けば、広場から正門に続くイチョウ並木を一望できたし、左を向けば三四郎池を囲む森や、木々の間の御殿下グランドが見える。椅子を出してビールでも飲んだらさぞ美味かっただろうと思う。が、酒には縁のない闘争だった。そもそも金がなかった。連日続く闘争のために、家庭教師のアルバイトもやめた。法闘委のほかの諸君も同様だ。差し入れられる夕バコは数本ずつ分けあったし、シケモクも捨てなかった。五〇年後の世では信じられないことだが、タバコは当時の必需品だった。唯一の贅沢は正門前の食堂『白楽』に行くことだ。オヤジさんが全共闘のシンパで、行けば必ず、大盛りにしてくれ、おまけに一品をそっと出してくれた。

体が冷えてきたので五階の小部屋に戻ると、ここの守備隊の紅一点が、

「食べていきなよ」

と言ってラーメンを作ってくれた。ありがとう。それを掻き込むと私の体と心はじんわりと温まった。

三階大講堂では法闘委の諸君がストーブを囲んでいた。座席の半分はバリケードに転用されていたから、ストーブのまわりは広々としている。ストーブは上面を切り取った一斗缶、薪はゲバ棒だからいくらでもある。戸山と友永が放水でずぶ濡れになったズボンを脱いで乾かしている。東大闘争ではゲバ棒を持ってはいたが、それを振るう場面はほとんどなくて飾りのようなものだった。けれど、二人に限っては、昼は窓のベニヤの補強に、夜はストーブの薪に、ゲバ棒本来の正しい使い方をした。私は二人にそう言おうとしたが思いとどまった。下手な冗談を言うと、パンツ姿で震えている友永にぶん殴られそうな気がしたからだ。

西がやって来た。西は二階の階段の守備にあたっている。西も放水でずぶ濡れで、ストーブの前でシャツを脱ごうとするが、体に張り付いて脱ぐことができない。周りが手伝ってようやく脱がせたところで、西が言った。

「三時くらいかな。機動隊が一階に侵入して階段の途中まで攻め上がってきた。暗くなって引き上げたけど、バリケードがかなり壊された」

今日は持ちこたえたが、明日はどうだろう。その夜は、みんな、思い思いの場所と姿勢で夜を明かした。私はバリケードになり損ねた大講堂の椅子に座っていた。ときに目を開けると、薄闇の大講堂がやけに広く見えた。

七　安田講堂攻防戦――六九年一月一九日

一月一九日午前六時三〇分、機動隊が攻撃を再開した。彼らはタフである。催涙弾や放水が間断なく続く。狭間から下を見ていると向かいの木々の間から奇妙なものが現れた。何だ、あれは？　太い材木を大人が二～三人並んで立ったまま入れるほどの大きさに細長く組み立て、上にジュラルミンの大ダテを並べて屋根にしてある。移動式トンネルだ！　トンネルの中に機動隊員が行列を作り、トンネルごと近づいてくる。昨日の華奢な〝鳥かご〟とは違う。移動式トンネルは頑丈だった。〝安田城〟の火線を跳ねのけて着実に進んでくる。ほどなく、トンネルの先端が狭間の死角に入った。トンネルの屋根の大ダテに跳ね返る石の音がガンガン聞こえてくる。そのうち、ガーンという大きな音がして大ダテが真ん中から九〇度に折れ曲がって屋根から吹っ飛んだ。大石が直撃したのだ。これで移動式トンネルを撃滅したが、手こずった。かなりの数の機動隊員が〝安田城〟に侵入したようだ。

昼過ぎ、大講堂二階席の守備隊が狭間のベニヤを剥がし始めた。昨日から催涙弾を浴び続け、大講堂の中は新鮮な空気に飢えていた。外からさわやかな冷気が入ってくる。ちょっと待て。ベニヤを剥がせば、そこからさらに放水や催涙弾を浴びる。夜になれば寒気も容赦なく入りこむだろう。だが、そんなことは心配無用、戦いはまもなく終わる。二階席の守備隊がそう言っているような気がした。

「情況はどうだ？」

横にいた大畑に訊くと、大畑は当たり前のように答えた。

「機動隊はもう二階にいるよ」

私は三階階段の降り口に行った。守備隊が二、三人いたが、もう火炎ビンも石もない。下の二階を覗くと、バリケード代わりのロッカーの向こうに大勢の機動隊員がいる。距離五～一〇m、目と鼻の先だ。彼らは積み上げられたロッカーにロープをかけ、かけ声を合わせながら、引きずり出している。ロッカーを一個ずつはぎ取ろうという作戦だ。もはや彼我の勢いの差は歴然としていた。ロッカーがひとつ、またひとつ、確実に減っていく。バリケードを突破されるのは時間の問題だった。

二階の壁の陰から機動隊員が現れた。催涙ガス銃を構えている。この距離で催涙弾の直撃をくらっては堪らない。階段の手すりの陰に身をひそめると、機動隊員は無造作にガス銃を発射した。乾いた破裂音が狭い階段室に響く。催涙弾は私の背後の壁に跳ね返って目の前の床に落ち、放水で濡れた床の上でシューシューと音を立てながら火煙を吹き出している。拾い上げると濡れた軍手を通して熱が伝わってくる。私は構わずそれを機動隊員に投げつけた。が、機動隊員はひょいと体をかわし、催涙弾はその後ろに力なくポトリと落ちた。瞬間、私と機動隊員の目が会った。その目は笑ったように見える。〝もう勝負はついた。諦めろ〟と。

まもなく、

「抗戦停止、大講堂に全員集合！」

という指令がきた。降伏のときがきたのだ。大講堂に集まった学生は二〇〇人くらいだろうか。こんなに大勢が戦っていたのかという思いがする。法闘委のメンバーも中央付近で輪を作った。

みんな疲れた顔をしている。それに戦いが終わったというのに、どことなく落ち着かない。そう、戦いには第二幕、そして第三幕がある。機動隊による暴力的制裁と、司法による合法的制裁と。さあ、みんな、どうする？

「松原さん、一言、お願いします」

私は法闘委の輪の後ろに立っていた松原に発言を求めた。ここは何といっても、逮捕歴四回の歴戦の雄、松原の出番だろう。松原は輪の中に一歩進んで話し始めた。

「法闘委の諸君」

落ち着いた、よく通る声だ。

「私たちは最後まで良く戦ったと思います」

異議なし！　とみんなが応じるのを待って、松原は続ける。

「それだけに覚悟が必要です。すぐに機動隊員がきます。若い隊員は興奮しているでしょう。殴られたり蹴られたりするかもしれません。しかし、そのうち上級の隊員がやって来て収めます。それまで抵抗してはいけません。彼らは殺気立ち、諸君はますますやられます。頭や身体を壊されるかもしれません。それは絶対に避けてください。諸君には将来があります」

法闘委だけでなく、周りにいた学生たちも集まってきて耳を傾けていた。さらに松原は続ける。

「逮捕されてから四八時間以内に送検されますが、そこで釈放されることはないでしょう。検察官は必ず二四時間以内に裁判官に勾留の請求をします。それから勾留裁判がありますが、そこでも釈放されないでしょう。裁判官は必ず一〇日間の勾留を決定します。そしてまた一〇日間延長するでしょう。身柄の拘束は全部で二三日、それでも終わらないかもしれません。場合によっては起訴される可能性もあります」

司法試験の勉強をしている松原の説明は正確だ。

「獄中の生活は決して楽ではありません。しかし、外には救援対策をしてくれる大勢の諸君がいます。弁護団も結成されるでしょう。獄中にあっても私たちは決してひとりではない、何時もそのことを思い出してください」

松原が話を終えると、ほんのひととき、法闘委の輪にゆったりとした時間が過ぎた。

と、大講堂の舞台右手の入口、外から入り込む逆光のなかに異形の〝兵士〟が現れた。手に鉄パイプを持っている。がっしりした姿は見慣れた学友諸君とは明らかに違う。機動隊員だ！入口に立ってこちらの様子を見ている。一瞬、時間が止まったようだった。やがて、機動隊員は後続を確認すると、何やら叫びながら鉄パイプを振りかざして突進してきた。学友諸君は反対の方向にドッと崩れた。私も続く。そこは大講堂の隣の小部屋だろう。学友諸君が二〇〜

三〇人いる気配だ。反対側の入口の床を見ると、学生が一人倒れていた。機動隊員に鉄パイプで殴られたのだ。しかし、すぐに上級らしい隊員が部下を従えてやってきて、私たちは大講堂に戻された。

大講堂は学生と機動隊員でごった返していた。私たちは一列に並ばされ、順番についた機動隊員によって両手に手錠をかけられた。逮捕である。私に手錠をかけた機動隊員は二〇歳過ぎくらいのＳ巡査だ。私はＳ巡査に促され、手錠を嵌められた両手を頭の上にして大講堂の外側の廊下に出た。大窓の狭間のベニヤ板は機動隊員の手によって完全に取り払われていた。廊下は明るく、催涙ガスも薄くなっている。すでに、何十人かの学友諸君が両手錠を嵌められた手を頭上にかかえ、窓に向かって立たされていた。一人ずつ腰ひもを持った機動隊員がついている。私も、私の後ろの学生も、同じように順に窓に向かって立たされた。

これで終わりか、と思ったときだった。

「おい、お前！」

誰かが私の襟首を掴んで窓から引き離した。どす黒い顔の、目つきの悪い、上級らしい中年の機動隊員だ。頬に白い小さな絆創膏を貼っている。

「俺はな、お前の投げた火炎ビンで、ほら、ここを見ろ。火傷した」

と、怒鳴った。残念ながら、火炎ビンを投げたのは私ではない。私と背格好や服装が似ている誰かと誤認したのだ。その中年隊員は、いきなり、私の左脚のスネを蹴った。イタタッ！　つま先を鉄で補強した革の長靴だ。放水でふやけた私のスネに激痛が走った。一回、二回、三回……。私の体勢が崩れると股間に膝蹴り！　くそっ！　火炎ビンの〝犯人〟は誤認するくせに、リンチだけは巧いやつだ。こっちは両手錠を嵌められた手を頭に抱えている。防ぎようがない。

そのとき、

「もう、いい！」

小さいけれど鋭い声がした。Ｓ巡査だった。私は警察内部の上下関係は知らない。けれど、Ｓ巡査は年恰好から見て中年隊員より明らかに格下だ。中年隊員の乱暴狼藉に我慢ができなかったのだろう。中年隊員はＳ巡査の声でリンチをやめた。気が済んだのか、それとも、少しは恥じる気持ちがあったのか。私には東大闘争で多くの人に借りを作ったという思いがある。しかし、ただ一つ貸しがあるとすれば、その中年隊員にである。えーい、何度でも言ってやる。

このバカヤロー！

私たちは機動隊員にひかれ、列になって歩き出した。三階から二階、二階から一階へと階段を降りて、〝安田城〟の外に出た。二日しかたっていないのに地に足をつけるのは久しぶりという感じがする。冬の日は傾いているが、まだ明るい。機動隊員の列が作る壁の外側に大勢の報道陣がいた。

そのひとり、毎日新聞の内藤國夫が書いている。前日の一八日に陥落した列品館や法学部研究室で学生たちが機動隊員に暴行を受けたときの記述に続けて、

「衆人環視の中でもあれだけの激しい〝鎮圧行動〟である。目のとどかぬ講堂内ではどんなことが行なわれただろうか。講堂内から数珠つなぎになって出てくる学生の中には、もちろん無傷の者もかなりいたが、顔がわれ、耳のあたりから血がふき出しているような学生もずいぶんといた。それでも手錠をかけられ、苦しそうにひきたてられていく。なかでも血がどくどくと流れている学生を見つけた私は、『こういうケガ人は救急車で運んだ方がいいんじゃないか』とその学生の手錠を持っている機動隊員に話しかけた。数珠つなぎの行列はいったんストップ。しめつける手錠が外され、その学生は救急車へと運ばれた」[※8]

東大弁護団のＩ弁護士によると、安田講堂内で、逮捕された学生が一列に並べられて、機動隊員に、順次、鉄パイプと角材でめった打ちにされた例があり、接見した一五人のうち六人が頭部及び顔面に一〇針から二〇針も縫う重傷を負っていたという。[※9]法闘委の大畑も機動隊員に

顔面を割られて陥没骨折したと後に知った。S巡査の介入で事なきを得た私は、まだましな方だったのかもしれない。

その日、神田カルチェラタン闘争に集結した万余の学友諸君は、機動隊の厚い壁に阻まれ、安田講堂のある本郷キャンパスに到達できなかった。午後四時ころ、安田講堂屋上の、最後に残った学友諸君はインターナショナルを歌い、ラジオ放送を通じてこれを聞いた神田カルチェラタンの学友諸君は大合唱でこれに応えた。午後六時前には、屋上の学友諸君も全員が逮捕され、その直前、時計台から流れた放送は、こう呼びかけたという。

「われわれの闘いは勝利だった。全国の学生、市民、労働者のみなさん、われわれの闘いは決して終わったのではなく、われわれにかわって闘う同志の諸君が再び解放講堂から時計台放送を行なう日まで、この放送を中止します」

注記

※1『島』二〇六頁
※2 小杉亮子『東大闘争の語り　社会運動の予示と戦略』（新曜社、二〇一八年）二七六頁

※３『島』一七九頁
※４『佐々』一六六頁
※５読売新聞一九六九年一月一八日夕刊
※６朝日新聞一九六九年一月一八日夕刊
※７朝日新聞一九六九年一月二〇日朝刊
※８『内藤』二二〇頁
※９『東大裁判』五二頁

第四章　安田講堂守備隊名鑑

安田講堂攻防戦に参加した学友諸君は何人いたのか。どこから来たのだろうか。当時の新聞報道——捜査当局の発表——をもとに検討してみよう。

一　守備隊の総数

守備隊の総数は三七七人というのが私の結論である。捜査当局の発表は当初ぶれた。逮捕翌日一九六九年一月二〇日の各紙朝刊は以下のとおり報じている。

朝日「警視庁の調べでは十九日、安田講堂内で逮捕された学生は三百七十四人（うち女子十三人）」

毎日「学生三百七十五人逮捕」

読売「学生三百七十五人（女子十三人）を不退去罪などの現行犯で逮捕」

すなわち、当初の警察発表では、逮捕者数は三七四人、または三七五人、うち女子は一三人だった。女子一三人はその後の報道でも一貫しているが、逮捕者総数は勾留のときに変わった。

勾留のときの新聞報道は以下のとおりだ。

朝日　六九年一月二二日夕刊「（勾留）請求の内訳は安田講堂関係が三百七十一人（逮捕は三百七十七人）」

毎日　六九年一月二三日夕刊「東大事件を捜査している東京地検公安部は安田講堂が〝落城〟した十九日に同講堂で逮捕された三百七十七人のうち三百七十一人について東京地裁に十日間の拘置を請求していたが、同地裁は二十三日までに全員拘置を認めた」

このように、勾留のときは朝日も毎日も逮捕者数を三七七人と報じている。三七七人という数字は、その後の裁判記録――東大大学院生に対する裁判記録の中の検察官六九年七月八日付冒頭陳述書[※1]――にも出てくる。捜査当局があえて人数を偽ったことでもない限り、安田講堂で逮捕された学友諸君の総数は三七七人、という結論になる。

二　大学別の人数

三七七人は東大全共闘と全国からやってきた学友諸君との合計数である。逮捕当初は、ほとんどの学生が身元を黙秘していたから、大学別の内訳は不明であった。東大全共闘については、『逮捕…ほとんど他大学生』[※2]とか、『東大生はわずか九人』[※3]とか報道された。しかし、六九年二月一〇日に検察官が起訴・不起訴等の終局処分をし、その公表を受けて、翌二月一一日各紙朝刊は以下のとおり報じた。①～③は毎日、[※4]④は読売である。

①　起訴された者　計二九五人

六五人　東京大学
一五人　同志社大学
一四人　法政大学
一三人　明治大学
一二人　早稲田大学
九人　東北大学、山形大学、東京農業大学、埼玉大学
八人　専修大学、岡山大学
七人　群馬大学
六人　東京工業大学
五人　福島大学、弘前大学
四人　慶応大学、東京学芸大学、東洋大学、名古屋大学、大阪経済大学、京都大学、東北学院大学
三人　関東学院大学、山梨大学、茨城大学、神戸商科大学、和歌山大学、大阪市立大学、

関西大学
二人　立教大学、大東文化学院大学、工学院大学、横浜市立大学、立正大学、桃山学院大学、大阪商業大学、九州大学
一人　東京農工大学、中央大学、東海大学、横浜国立大学、成蹊大学、神奈川大学、名古屋工業大学、京都工芸大学、大阪府立大学、滋賀大学、関西外語大学、関西医科大学、山口大学、広島大学、松山商科大学、長崎大学、秋田大学、愛媛大学、大阪医科大学
七人　浪人・無職・各種学校
一〇人　氏名不詳
公表されただけで東北から九州まで五六大学から参加している。この中の岡山大学、京都大学、大阪市立大学などの学友諸君は私と同じ警察留置場で一ヶ月ほど暮らすことになる。
②　家庭裁判所に送致された者（少年）　五五人
③　釈放された者　一八人
④　以上のうち、女子学生は一三人で、「半数は炊事係、救護係など〝非戦闘員〟だったため投石などに加わった五人が起訴されただけで二人が家裁に送られ、残る六人は釈放さ

れた」と、読売新聞は報じた。

⑤　新聞が報じなかった者　九人

逮捕者数は三七七人なのに、新聞が報じた①起訴二九五人、②家裁送致五五人、③釈放一八人の合計は三六八人だから、九人足りない。行方不明の九人はどこに行ったか。答えは後の本章五「不都合な真実」で推理しよう。

このとおり、東大生は捜査当局の公式発表だけでも六五人はいた。『佐々』は、「公安部の捜査取調べの結果わかったことだが、安田講堂で逮捕された三七七名の学生の中には、東大生は二〇名しかいなかった」「いざとなると〝日和る〟要領のよさと精神的なひ弱さは、いかにも秀才・優等生ぞろいの東大生らしい」と書いている。※5 しかし、間違いだ。捜査取調べの結果わかったことは、安田講堂で逮捕された三七七名の学生の中には、〝秀才・優等生〟ではない東大生が少なくても六五人はいた、ということである。

三　東大生は全部で何人いたか

東大生は全部で推定八〇人以上、というのが私の結論である。『島』は東大生の人数について裁判記録をもとに八〇人と推定しているが、[※6] 私は捜査当局の公式発表をベースに、次のとおり、島と同じ八〇人、あるいは、それ以上と推定した。

①　氏名が判明して起訴された者　六五人
②　氏名不詳で起訴された者一〇人のうち三人

この三人は、完全黙秘をして氏名不詳のまま起訴された一〇人のうち、私が知る次の三人だ。

先ず菊屋橋一〇一号。小柄で色白の理系の女子大学院生だ。〝菊屋橋一〇一号〟という呼称は女性専用留置施設の警視庁菊屋橋分室における留置番号による。保釈後、安田講堂前広場でばったり会ったとき、涼し気な笑顔で、

「みんなの裁判資料を整理しているの」

と言っていた。気っ風のいい人だったね。

次に水上二六号。好々爺然とした文学部の男子学生だ。留置番号に使われた〝水上〟警察署は二〇〇八年に新設された湾岸警察署に統合されて今はない。水上二六号は、風の便りでは、現在、自然の中で子供を育てる保育所をやっているという。水上二六号なら間違いないから、年ごろの子供がいたら紹介しよう。

内田雄造氏（二〇一一年一月逝去）。当時工学部建築科の大学院生で、後に東洋大学教授になっ

た。完全黙秘で身元が割れず、おかげで打切りを免れた奨学金を彼女との共同生活（結婚生活）の持参金にした、とエッセイに書いている。※7 完全黙秘の効用が意外なところに発揮されたわけである。

③　釈放された者のうち一人

法闘委の大畑が重傷を負って釈放されている。

以上の計六九人は東大生の確実な人数で、あとは次の推定による加算である。

逮捕者総数三七七人のうち、大学が判明していないのは以下の八八人だ。

④　氏名不詳　　七人
⑤　少年　　五五人
⑥　釈放された者　　一七人
⑦　新聞が報じない者　　九人
合計　　八八人

氏名が判明して起訴された二八五人のうち東大生は六五人だから、その割合は二三％だ。身元不明の八八人についても同じ割合で東大生がいると推定し、計算すると約二〇人になる。これを確実な数の六九人に加えると、八九人だ。したがって、東大生は全部で固くみても八〇人は超えるだろう。

四　法学部闘争委員会の人数

法闘委は二〇人だ。そのことは『内藤』[※8]や『島』[※9]も書いているし、私の記憶とも一致する。内訳は大講堂三階に一七人、五階南バルコニーに松山、二階に西と小野である。

当の法闘委の一人としては、一七人について捜査当局側の資料も確かめておきたい。探し当てた公刊資料が先ほどの検察官冒頭陳述書だ。そこに、法闘委約一七人が、一月一八日と一九日、三階大講堂の窓辺で機動隊に抗戦したことが書いてある。[※10]冒頭陳述は検察官が証拠によって証明しようとする事実だから、検察官は法闘委約一七人が大講堂三階にいた証拠を持っていたことになる。

安田講堂攻防戦に参加した〝東大生は二〇人〟という誤った風説は『佐々』から始まったようだ。しかし、当時の新聞を調べれば、〝東大生は少なくても六五人はいた〟ということがすぐにわかる。『佐々』が、それにもかかわらず、意図的に二〇人と虚構した、ということはないだろう。おそらく、攻防戦直後に判明した〝東大生はわずか〟という事実と、捜査取調べ後に判明した〝東大法学部生は二〇人〟という事実、その二つが、自身、東大法学部卒のキャリア官僚であった佐々には強い記憶となって残り、それがいつの間にか混濁融合して、『東大落城』を書く頃には〝東大生は二〇人〟という記憶になってしまったのではないか。

五　報じられなかった不都合な真実

〝安田城〟の学友諸君について、新聞が説明していないことがある。逮捕者数は三七七人なのに、何故、当初は三七四人とか、三七五人とか、報道したのか？　逮捕者数は三七七人なのに、何故、勾留者数は三七一人なのか？　逮捕者数は三七七人なのに、何故、検察官の終局処分人数は三六八人なのか。

それは、そこに捜査当局が知られたくない、したがって公表を避けた〝不都合な真実〟があるからではないか。

先ず、逮捕者数三七四人、三七五人という当初報道の〝不都合な真実〟を推理してみよう。

一月一九日、私たちは逮捕後、安田講堂から本郷キャンパス南の龍岡門手前の空き地まで歩かされた。五〇〇mくらいあるだろう。そこで所轄警察本富士署の逮捕番号を書いた札を首にぶら下げて写真を撮られた。『逮捕番号本富士〇〇号』という札だ。しかし、重傷のため空き地まで歩けない学友諸君は、『内藤』が書いたように、安田講堂から直接、病院に搬送された。

その彼らにはたぶん、逮捕番号の札がない。そして混乱する一九日の現場だ。だから翌二〇日の新聞に逮捕者は三七四人とか、三七五人とかの人数が出たのではないか。つまり、その後の公式発表三七七人との違いは、逮捕当日、歩行できないほどの重傷を負った学友諸君がいたという、捜査当局に〝不都合な真実〟があったことによって説明できるのではないか。

逮捕者数三七七人と勾留者数三七一人との差も〝不都合な真実〟によって説明できるだろう。『東大裁判』によると、安田講堂で催涙液を浴びたり催涙弾の直撃を受けたりして重傷を負い、入院しなければならなかった学友諸君が何人もいる。[※11]

①　催涙液を浴び腰部両下肢（へそから下全部）、顔と首、体表の六〇％にⅡ度の火傷を負った。一月一九日、民衆病院に通院した後、警察病院に入院し、二月八日、皮膚の移植手術。

②　催涙液を浴び上半身全体、頭、両手首にⅡ度の火傷を負った。一月一九日と二〇日に大和田病院と庄司眼科に通院し、二一日から二月一四日まで日赤中央病院に入院。

③　催涙弾の直撃を受け右前腕腐蝕創、両下腿両足腐蝕創Ⅱ度、足関節腐蝕創の火傷を負い、一月二二日から二四日にかけて水泡がひどくなり歩行が不可能となった。鈴木外科病院に一月一九日から二四日まで（一九日は裂傷のみ手当て）通院したが、二八日から二月

一二日まで入院。

④　催涙剤を含む放水を長時間大量に浴び左大腿下腿前、膝部、左前腕右前腕にⅡ度の火傷を負った。一月一九日の夜から火傷症状が生じ、二〇日朝から重傷、二二日には歩行不可能となる。三鷹警察署に留置中の二〇日から二二日まで警察医の往診治療を受けたが、二二日に牟礼診療所に入院。いったん釈放されたが、容態が回復したところで改めて逮捕され、起訴された。※12

⑤　催涙弾の直撃と催涙液を浴び腰部、背部、頸部、顔面両前腕、両下肢にⅠ度、Ⅱ度の火傷を負った。小原病院に一月二一日から二三日まで通院、二三日から二五日まで入院。

⑥　催涙弾の直撃を頭部に受け打撲挫創。一月一九日に警察病院に入院。

⑦　催涙弾の直撃を口に受け上アゴ骨にヒビ、歯四本、下歯三本グラッキ、下アゴ骨脱臼、上唇裂創、右手首火傷Ⅱ度。一月一九日から警察病院に入院。

⑧　催涙弾の直撃を受け薬物接触による炎傷。一月二二日から警察病院に入院。

⑨　催涙弾の直撃を一〇m以内の至近から受け右目角膜に傷、足に火傷。日赤中央病院に一月二〇日に通院、二一日から二月一四日まで入院。

⑩　催涙弾の直撃を右足上部、左右手、腹に受け、小原病院に一月二〇日に通院、二三日に

入院。

⑪　催涙弾の直撃を五ｍ以内の至近から受け全身炎症、左手背部打撲、裂症（七針）。鈴木外科病院に一月二二日から二四日まで通院、二八日から二月一二日まで入院。

このうち、②④⑥⑦⑧⑨の六人は一月二一日、二二日に入院したか、あるいは入院中である。一月一九日が逮捕の日だから、ちょうど、身柄送検や裁判官の勾留質問がある頃だ。だけど、入院してベッドに寝ている学友諸君の身柄は送検できないし、勾留質問に出頭させることもできない。だから、その六人は勾留されないで釈放されたであろう。④の「いったん釈放された」というケースは、その一例と思われる。

捜査当局による、このような身柄の取扱いには傍証もある。安田講堂陥落前日の一月一八日、法学部研究室や列品館などの闘争で負傷した学友諸君について毎日新聞が書いている。[※13]

「東京地検公安部は、十八日に東大構内と神田周辺で逮捕された学生ら三百十一人のうち、負傷したため一応帰宅させた四人（書類送検）を除く二百八十八人について二十一日、十日間の拘置を東京地裁に請求、十九人を釈放した」

ここでいう「負傷したため一応帰宅させた四人（書類送検）」とは、つまり、勾留されなかったということである。一読すると、学生がちょっと怪我をしたのでひとりで家に帰ったかのごとくであるが、違うだろう。それくらいの怪我なら通院か往診ですませ、釈放するはずがないことは前記の安田講堂での負傷者の扱いをみればわかる。だから、記事でいう「負傷」とは、釈放して入院させなければならないと捜査当局が判断したほどの「重傷」ということであり、「帰宅」とは「入院するための帰宅」ということであろう。

このように、逮捕者三七七人、勾留者三七一人、その差の六人は、勾留手続きさえできないほどに重傷を負って入院を余儀なくされた学友諸君が六人いた、ということである。新聞が報道しなかった、捜査当局にとって〝不都合な真実〟がここにもある。

二月一〇日の検察官終局処分の発表になかった〝行方不明〟の九人も、その〝行方〟を知られたくない捜査当局にとっての〝不都合な真実〟だったのであろう。勾留請求の際でも入院のために勾留されなかった学友諸君が六人いた。勾留されても、その後、入院が必要になって途中で一時的に釈放された学友諸君もいた。そして、二月一〇日の時点で勾留されていなかった都合九人について、捜査未了として検察官の終局処分が保留されたのではないか。

新聞に報じられなかった捜査当局にとって〝不都合な真実〟とは、安田講堂攻防戦に参加し、文字どおり、身命を賭して戦い、傷つき、入院しなければならなかった学友諸君がいたということである。

安田講堂攻防戦は、東大全共闘と全国からやってきた学友諸君とが機動隊の大部隊を相手にした壮絶な戦いであった。しかし、戦いに敗れ、私は、一月一九日の夕方、警察の護送車で本郷キャンパスを後にした。法闘委の諸君ともお別れだ。行く先は警察留置場、私にとって未知の世界が始まる。

注記

※1　東大闘争統一被告団（自立社）・資料編集委員会編集・手書き「資料04　検察官冒頭陳述書（全共闘全闘連について）」（『資料・東大裁判闘争』東大闘争統一被告団（自立社）・資料編集委員会、一九七八年）二二頁
※2　毎日新聞一九六九年一月二〇日夕刊
※3　読売新聞一九六九年一月二二日夕刊
※4　大学別起訴内訳など①～③は同日の日経新聞、サンケイ新聞も報じている。
※5　『佐々』三〇五頁
※6　『島』二八一、二八二頁
※7　内田雄造「マイライフ『抵抗の都市計画運動を生きる』」（『ゆっくりとラジカルに　内田雄造追悼文集』内田雄造先生追悼文集世話人会一同、二〇一二年）一一頁
※8　『内藤』二一二頁
※9　『島』二〇五頁

※10　前掲冒頭陳述書二四、二五頁

※11　『東大裁判』三八頁以下。一月一八日の法学部研究室や工学部列品館における負傷者を含めて記載されているが、内容からみて安田講堂で負傷したと思われるケースを抜き書きした。

※12　『東大裁判』五三頁

※13　毎日新聞一九六九年一月二一日夕刊

第五章　警察留置場

一　初めての宿

警察署取調室。歳は四〇前後だろう。Ｈ刑事は私に黙秘権と弁護人選任権を告げたあと、

「名前は？」

と聴いた。

「黙秘します」

「名前には黙秘権はないよ」

「黙秘します」

Ｈ刑事は、名前はそれ以上聴かず、被疑事実を読み上げた。

「何か言うことはあるか」

「黙秘します」

Ｈ刑事は弁解録取の手続きをあっさり終えて、言った。

「どこか怪我をしているところがあるか」

「逮捕されたあと、機動隊員にやられました」

私はズボンをたくし上げ、まだ痛む左脚のスネを出した。見ると血の滲んだ横線が三本並んでいる。くそっ！　これでは、まるで〝スネに傷のある男〟じゃないか。

H刑事は覗き込むようにして見たあと、

「まあ、大丈夫だな」

と言って、ハンカチを出して涙を拭いた。私に同情したのではない。私の服にしみ込んだ催涙ガスのせいだ。だけど、「まあ、大丈夫だな」という声の調子には少し戸惑いがあった。いい人なのだろう。

指紋と顔写真を撮られ、所持品とズボンのベルトを押収された。そして、重くて薄くて冷たい毛布を六枚と、小さくてペタンコな枕を一個あてがわれて、奥の留置場に連れていかれた。時刻は一九六九年一月一九日夜九時頃だったろう。留置場は既に消灯されていて全体が暗い。私は入口右側の一番手前にある房に入れられた。既に先客二人が寝ているのが薄暗がりの中に見える。真ん中に、私のためだろう、一人分の空きがある。

空いた板敷の上に毛布を三枚重ねて敷いた。その上に寝て残りの毛布三枚を体に掛けた。薄っぺらな毛布三枚では板敷の上に直接寝ているようなものだ。毛布三枚の掛け布団代わりも重いだけで少しも暖かくない。おまけに寝返りを打とうものなら、狭いスペースだ、左右の先客に毛布があたる。とうてい眠れそうもない。

そのとき、左の先客がむっくり起き上がった。一瞬、文句を言われるのかと思ったが、そうではなかった。私の要領の悪さを見かねたのだろう、ベッドメークの方法を教えてくれる。先ず、毛布を三枚重ねて板敷の上に敷く。そこまでは私と同じだが、それから先が凄い。その三枚を縦方向に三つにたたむ。そうすると、縦の長さが同じ、幅が三分の一、厚さが毛布九枚分の即席ベッドができ上がる。その上に残りの毛布三枚を枕一つ分、下にずらして掛け、その両側と裾を即席ベッドの下にたくし込む。ふかふか暖かい、というのは言いすぎだけど、どうにか寝られる。私はすぐに眠りに落ちた。

二　留置場の風景

翌朝、見ると、留置場は全体が半円形をしていた。半円の中心の一段高くなったところに看守台がある。高さ約一m、広さ一五～二〇㎡だろうか。半円形の留置場だから看守台から全体を見通すことができる。銭湯の番台のようなものだ。看守台の外側を幅三～四mの通路が半円状に取り巻いている。看守台から見て通路の右端が警察署建物内との出入口に、左端が裏庭に設けられた約三〇㎡のテラスとの出入口に通じている。テラスは体操や喫煙の場所だ。

房は半円状の通路の外側に、全部で八房だったと思うが、半円状に並んでいる。房の通路側は全面が鉄格子、通路から見て右側に扉がある。大人が中腰になってくぐれるほどの大きさだ。房の鉄格子の中央下部に配膳用の小窓がある。房の左右と後ろはコンクリートの壁、床は板敷、後ろの壁の、ジャンプしても絶対に届かないほど高い位置に明かり採りの窓がある。房の広さは約二〇㎡、各房に三、四人、留置場全体で三〇人ほど収容できる、と見た。

当時は捜査の便宜と看視の効率こそ第一義であった。被疑者にも人権がある、監獄に拘置せよ、警察留置場を代用監獄にするな、という声はまだ小さい。たとえば、氏名を黙秘していると、留置担当者が、

「氏名黙秘の学生は年齢がわからない。だから喫煙させない」

という理屈を持ち出して、初めは全員に許容していた喫煙を、途中から禁じた。捜査係と留置係が連携して、氏名黙秘をやめさせようという姑息なやり方である。そして、それを隠そうともしないのが当時の警察留置場であった。

留置場の構造は看視の効率が最優先だ。看守台から房の奥の奥まで見通すことができる。私たちにプライバシーなどという高尚なものはない。しかし、反面、私たちも看守台の様子を窺い、他の房の学友諸君と言葉を交わすことができる。看守は若い巡査が交代で担当している。

Ｇ巡査のように、

「他の看守はいざ知らず、俺のときは他の房との会話は許可しない」

という謹厳実直な看守もいる。けれど、Ｇ巡査は例外で、たいていの看守は他の房と話すことを制止しない。なかには、Ｕ巡査のように、看守台から、ちょくちょく被疑者に話しかける看守もいる。

留置場には学生と窃盗や傷害などの一般刑法犯（〝一般〟と呼ばれていた）が半々いる。各房には学生と〝一般〟が区別されることなく三〜四人ずついたから、全部で約三〇人が収容されている。東大闘争で、一月九日の本郷キャンパス、一〇日の秩父宮ラグビー場、一八日と一九日の本郷キャンパスと神田カルチェラタンの合計で一〇〇〇人以上が逮捕された。どこの警察留置場も満員で、ここも例外ではない。

学友諸君の中に少年が一人いた。濃い眉が凛々しい、けれども、紅顔のおとなしい少年だった。勾留が終わった二月一〇日過ぎに家庭裁判所に送致されるまで、その声を聞いた記憶がない。可塑性に富む少年は成人とは別に処遇すべし、という当然の配慮は、当時、建前はともかく現実にはなく、その少年も〝一般〟と同居していた。東大生は私だけで、留置場にいるのは安田講堂攻防戦のために全国からやってきた学友諸君だった。

三　安田か？　俺は法研だ

ベッドメークを教えてくれた男は古武士のような風貌をした、一見して明らかな学生だった。

「ありがとう。おかげで夕べはよく眠れた」

古武士は微かに笑って言う。

「安田か？」

「うん」

〝うん〟としか答えなかったことには理由がある。房の中は看守台からよく見える。距離は四～五ｍほどなので耳を澄ませば房の中の会話も聞こえるだろう。それに、私たちの房には〝一般〟が一人いた。うっかりした話はできない。〝安田〟は私が現行犯逮捕された場所だから、捜査当局は先刻承知、聞かれても構わない。

「俺は法研だ」

古武士が名乗った。私より一日早く、一月一八日に法学部研究室で逮捕されたということである。これからは古武士を〝法研〟と呼ぼう。留置場のベッドメークの巧さといい、古武士のような風貌といい、その落ち着きといい、逮捕歴が何回もありそうだ。〝大物〟に違いない。

〝法研〟に法学部研究室の攻防戦の様子を訊いてみたかった。それに、宮木の話では、一月一五日、法学部研究室に入った他大学の学友諸君が教授室の机やロッカーをバリケードにし始めたとき、止めに入った宮木や秋谷の抗議を、そこのリーダー格が直ぐに了解したということだった。もしかすると、そのリーダー格とは、この〝法研〟ではないか。訊いてみたいことは山ほどあった。しかし、看守台は目の前だ。おまけに〝一般〟同居人もいる。闘争の話はできない。かといって、気の利いた世間話も思いつかない。

私は連帯の挨拶に一曲歌うことにした。思いついた曲は青江三奈の『伊勢佐木町ブルース』だ。古武士ふうの〝法研〟には演歌がよく似合うだろう。

♪　あなた知ってる〜　みなと横浜〜
　　街の並木に〜　潮風吹けば〜
　　……♪

私が歌い終わると、今度は〝法研〟が歌い始めた。

♪　Hey Jude, don't make it bad.
　　Take a sad song and make it better.
　　……♪

〝法研〟がビートルズを歌うとは意外だった。『ヘイ・ジュード』は私の一八番だ。〝法研〟は人を見る目もあるのか。

「静かにしろ！」

看守に制止されてエールの交換は終わったが、〝法研〟のおかげで、私は初めての獄中生活を無事にスタートすることができた。残念なことに、〝法研〟は、翌日、東京拘置所に移監されていった。〝大物〟は拘置所の独房に隔離されて徹底的に追求されるという噂だ。もっとも、私も同時に房を移されたから、案外、同房の〝一般〟から、学生二人が騒がしい、というクレームが出たのかもしれない。

四　Ｏ弁護士の接見

統一救対（東大闘争統一救援対策本部）から、手ぬぐい、石鹸、歯ブラシが差し入れられた。弁解録取のとき、Ｈ刑事に連絡を頼んでおいたからだ。手ぬぐいは、

「半分に切っておいた。首を絞めて自殺しないようにな」

と、留置係のご丁寧な説明つきである。

統一救対には法闘委の西原がいた。当時から真面目な男だったけれど、その後、弁護士になっ

て成功したと聞く。彼が中心になって、逮捕された法闘委の諸君の面倒を外からみてくれるだろう。

東大闘争弁護団の弁護士が接見に来てくれた。接見室は留置場入口の横にある狭い部屋だ。真ん中を仕切っている金網の向こうに座っているのは女性だった。五〇年後は全国に五〇〇〇人もいて珍しくないが、当時は女性の弁護士が一六〇人余しかいなかった。歳を言っては失礼になるけれど、二五～六歳だろうか。

「弁護士のＯです。東大闘争弁護団ですが、統一救対からの連絡で来ました」

Ｏ弁護士は名乗ったあと、てきぱきと質問し始めた。黙秘しなくていいので、私も気分よく答える。弁護士がいるというのは、こんなに心強いことなのか。

「安田講堂で逮捕されたのですね？」

「はい」

氏名、生年月日、住所のあと、大学を〝東大法学部〟と答えたとき、メモを取るＯ弁護士の手が一瞬止まった。あとでわかったことだが、彼女も東大法学部の出身だった。

「今日は学生さんたちがケガをしていないかどうか、弁護団が手分けして接見しています。あなたはどうですか？」

私は中年の機動隊員に蹴飛ばされたことを話した。Ｏ弁護士はそれを丁寧にメモしたあと、

「何か質問とか、言いたいことがありますか？」

と言った。私は一つだけ尋ねた。

「死んだ学生はいませんでしたか？」

逮捕されたとき、大講堂の隣の小部屋の入口で、機動隊員に鉄パイプで殴られた学生が気になっていたのだ。

「重傷者はかなりいます。幸い、死者はいませんよ」

というＯ弁護士の答えだった。

私がここにいることが、Ｏ弁護士から統一救対経由で連絡されたのだろう。すぐに、家族や友人から差し入れが届き始めた。衣類と食料。留置場の食事はコッペパン一個に薄いスープというような貧しさだったから、毎日の弁当は大助かりだ。

一月二一日が東京地方検察庁への身柄送検、二二日が東京地方裁判所での勾留質問の日だったろう。護送バスが各署の留置場を巡回して学友諸君を送り迎えした。護送バスも、地検、地裁の控室も学友諸君で満員だ。どちらの手続きも一日がかりで、順番を待つ間、やることがない。いきおい、学友諸君とインターナショナルの大合唱になった。看守もあきらめ顔で放置し

ている。学友諸君は地検でも地裁でも釈放されなかったけれど、士気はまだ旺盛である。

五　留置場の学友諸君

数日すると留置場の学友諸君も徐々に打ち解けてくる。密かに互いの大学なども明かすようになった。他の房にも声をかける。呼びかけるときは留置番号を使う。それが留置場の習いなのだろう、看守も学生を留置番号で呼ぶ。私は二三番だから、看守から「二三番、接見だ」とか、学友諸君から「二三番、おはよう」とか声がかかる。

「お〜い、みんな。三〇番がメキシコ・オリンピックを観に行ったんだって！」

という声がした。一瞬、留置場内がどよめいた。三〇番は留置場に二人いた京都大学生の一人、Mだ。もう一人の京大生は一九番のK。それぞれ京大生M、京大生Kと呼ぼう。京大生Mが観たという六八年一〇月のメキシコ・オリンピックは、釜本を擁する日本サッカーチームが銅メダルを取ったことで五〇年後も語られる。

しかし、京大生Mがメキシコ・オリンピックを観に行ったことが留置場の学友諸君のニュースになった理由は別にある。男子陸上二〇〇ｍの表彰台でアメリカの二人の黒人選手が、国歌演奏、国旗掲揚の間、黒手袋の手を高々と突き上げていた。黒人差別に抗議するブラックパワー・

サリュートだ。女子体操の表彰台で六四年の〝東京オリンピックの花〟といわれたチェコのチャスラフスカが、旧ソ連の国家演奏、国旗掲揚の間、終始顔を背けていた。旧ソ連のチェコ侵攻に対する抗議だ。学友諸君は、その年、大国による戦争や抑圧に対して戦ってきたから、まさに意義深い大会だった。そして何よりも、当時は一ドル三六〇円の時代で海外旅行は珍しかった。そういう時代にメキシコまでオリンピックを観に行った京大生Mが安田講堂攻防戦に参戦した。その驚きが留置場のニュースになったのである。

私の房でも会話が始まっていた。最初の房からここに移ったとき三人の先客がいた。二人は〝一般〟で、一人は大阪市立大学の学生だった。市大生と呼ぼう。市大生は逮捕歴はないけれど、学生運動の〝メッカ〟といわれる関西からやってきただけあって、理論家だった。しかし、例によって闘争の話はできない。交わす話は外に出たら何をしたいか、だ。私が、先ずタバコを吸う、と言うと、市大生は、いっぺんに一〇本くらい咥えて吸うぞ、と応じる。私も市大生も氏名を黙秘してタバコを取り上げられた口だ。黙秘に対する不利益待遇が、しゃくにさわるけれど、効果的なのだ。

市大生と私は同房の〝一般〟たちの話の聞き役でもあった。アウトローの世界や留置場の裏話は、何というか、新鮮で、私たちは目を丸くしながら聞いたものだ。それに、ためになる話もあった。いっとき、例の少年の房にヤーさんが入った。〝一般〟の解説によると、ヤーさんは同房の〝一般〟には〝いちゃもん〟をつけることがあるけれど、少年には手を出さない。警察もそれがわかっているから、ヤーさんを少年と同房にするのだという。

なるほど、ヤーさんは、数日後、〝一般〟のいうとおり、何ごともなく出て行った。それにしても、その少年とすれば、安田講堂攻防戦を戦い、おまけに警察留置場の安寧を維持する役目まで負わされ、まことに可哀そうなことだった。

六　俺は中隊長

二月一日、勾留が一〇日間延長されることになった。安田講堂で逮捕される直前に松原が予言したとおりだ。留置場の学友諸君は少年を含めて全員が勾留延長。厳罰に向けた捜査当局の並々ならない意気込みが、ひしひしと伝わってきた。

検察官は勾留期間が満了する二月一〇日までに起訴・不起訴の最終処分を決める。もし、起訴されたとき、身柄はどうなるか、裁判はどうなるか、判決はどうなるか、起訴後の先が見えない。機動隊の非合法制裁が一過性の身体的苦痛だとすれば、検察官の取調べは、起訴されてしまうと先の見えない司法制裁が始まるという重圧に対する精神的苦痛である。

完全黙秘を続けた場合、検察官はどうするだろうか。被疑事実は三件に絞られている。

被疑事実[※1]

被疑者は、かねて東京大学全学共闘会議派の学生らによって占拠されていた東京都文京区本郷七丁目三番地所在同大学大講堂（通称安田講堂）を、ほかの多数の学生とともに引き続き占拠しようと企て、

第一、昭和四四年一月一七日ころから翌一八日午前七時ころまでの間、同講堂内において、同講堂の占拠者の排除を行おうとする警察官らに対し、多数の学生らとともに、共同して投石、殴打などの暴行を加える目的をもって、多数の石・コンクリート塊、角材、鉄パイプ、火炎びん等を準備して集結し、もって多数共同して他人の身体、財産に対し害を加える目的をもって兇器を準備して集合した。

第二、同月一七日午後二二時ころ、前記講堂を管理する同大学学長事務取扱加藤一郎から、すみやかに同大学構外へ退去するよう要求をうけたのにかかわらず、前記多数の学生らとともにその要求に応ぜず、同月一九日午後にいたるまで同講堂内にとどまり、もって故なく退去し

なかった。

第三、多数の学生らと共謀のうえ、同月一八日午前七時すぎころから翌一九日午後三時過ぎころまでの間、前記講堂において、被疑者ら不法占拠者を排除、検挙する等の任務に従事中の警視庁機動隊所属の警察官に対し、多数の石・コンクリート塊、火炎びん等を投げつけるなどの暴行を加え、もって右警察官の職務の執行を妨害したものである。

罪名・罰条

第一　兇器準備集合　刑法第二〇八条の二第一項

第二　建造物侵入　刑法第一三〇条後段、第六〇条

第三　公務執行妨害　刑法第九五条第一項、第六〇条

完全黙秘を続けた場合、検察官は間違いなく起訴するだろう。何しろ安田講堂の中での現行犯逮捕だ、建造物侵入罪には明白な証拠がある。検察官が明白な有罪の証拠がある被疑者を氏

名不詳のまま不起訴にするはずがない。では、氏名を明かせば不起訴になるか。建造物侵入だけなら情状によっては不起訴もあり得る。しかし、兇器準備集合（兇準）と公務執行妨害（公妨）がある。兇準と公妨が立件できると判断すれば間違いなく起訴するだろう。どうすれば起訴を回避することができるだろうか。兇準と公妨は立件されない方途があるか。それは状況証拠からみて難しい。けれど、難しくても可能性に挑戦してみよう。座して起訴されるのを待つわけにはいかない。

二月三日頃の取調べだったか、それまでは取調べを毎回雑談で終えていたH刑事に氏名や身元を明かした。H刑事は、すぐに、〝東大法学部の和田英二〟を名乗る被疑者がいることを捜査本部に報告するだろう。捜査本部は東大法学部に学籍を照会し、同時に和田英二に関する手持ちの証拠を調べるはずだ。

翌日だったか、思わぬところから反応があった。看守のU巡査だ。交替で看守台に着くなり、私に声をかけてきた。

「おい、一三三番。あんた、〝中隊長〟だったそうだな」

その声で、賑やかだった留置場が静まりかえった。みんな、私がどう答えるか、興味があるのだ。誰も、私が安田講堂で捕まったことと、やけに差し入れが多いことのほかは、私が何者かを知らない。〝一般〟も、そして学生もだ。

〝中隊長〟という呼称は東大全共闘にも法闘委にもなかった。Ｕ巡査は探りを入れてきたのだろうか。私は質問を返した。

「なんで、俺が中隊長なの？」

Ｕ巡査はバツが悪そうな顔をして黙り込んでしまった。乗りの悪い私に不機嫌になったのか、それとも、捜査の秘密をばらしてしまったかもしれないと、気が付いたのか。

しかし、留置場の反応は敏感だった。〝一般〟からは、

「おたく、中隊長だったの？」

と興味深そうな顔をして訊かれるし、学友諸君からは、それ以後、〝中隊長〟と呼ばれるようになった。早速解禁されたタバコの時間には、

「中隊長は両切りショートピースか。俺なんか〝わかば〟だよ」

昼どきには、

「中隊長はいいなあ。毎日ご馳走の弁当が食べられて」

学友諸君は、私を〝二三番〟と呼ぶより〝中隊長〟と呼ぶほうが、よほど気が利いていると思ったのだろう。

七　M検事の取調べ

その翌日、東京地検に押送された。いよいよ、検察官による本格的な取調べが始まる。勾留期限の二月一〇日まで残りは数日だ。検事室に入ると、身柄送検のときのM検事が大きな執務机の向こうに座っていた。机の手前の折りたたみ椅子に座ると、押送してきたH刑事が手錠を外した。M検事の背後の窓に日比谷公園の冬枯れの景色が見える。

M検事は三〇歳前後だろう、まだ若い。しかし、私の、大げさに言えば、その後の人生を左右する起訴・不起訴の権限を持つ国家権力の代表だ。紺のスーツにネクタイの、いかにも検察官らしい風貌をしている。黙秘で終えた身柄送検のときの弁解録取とは違って、今度は簡単には終わらない。果たして、首尾よく、M検事から不起訴処分を引き出すことができるだろうか。

「君は安田講堂の三階で逮捕されたんだね？」

「そうです」

こうして、取調べの第一ラウンドのゴングが鳴った。

「加藤一郎総長代行の退去要請は聞いたかな？」

「聞きました」

「何で退去しなかった？」

「安田講堂は全共闘の本拠地だから、明け渡すわけにはいきません」

「学生たちは石や火炎ビンを投げていたね？」

「ええ。だけど、全共闘の戦い方は各人が自分で決めます。私の場合は安田講堂に残ること、それが私の戦い方です」

「講堂の中に石やゲバ棒があったことは知っているだろう？」

「知っています。でも、私が集めたのではありません。先に私が安田講堂にいたところに、後から石やゲバ棒が集められてきました」

M検事はさらに質問を続ける。

「安田講堂の中に知っている学生がいたかな？」

「見た顔や聞いた名前はありました。だけど、全共闘のメンバーは出入りが激しくて顔と名前が一致しません」

M検事がいらついた様子で訊いた。

「一八日と一九日、安田講堂の中で、いったい君は何をしていたのかね？」

「たいてい講堂の椅子に座っていました。それと様子を見に、あちらこちらに」

ああ言えばこう、こう言えばああ。チョウのように舞い、ハチのように刺す、リング上のモハメッド・アリだ。私はそんな気分で第一ラウンドの取調べを終えた。

第二ラウンドは二月七日頃だったか、勾留の満期まであと三日だ。M検事の質問内容は第一ラウンドと変わらない。角度の違うジャブという感じだった。と、M検事が表情を緩めて言った。

「君の説明は、にわかには信じがたいなあ。だけど、話を聴いているうちに、あるいはそうかもしれない、と思うようになってきた。他にも君のようなケースがあるようだしね」

〝よし、いいぞ〟と、心のガードを緩めた瞬間、M検事の強烈なパンチが飛んできた。

「それで、君の説明を裏づけてくれる学生は誰かいるかな？　法学部でも、ほかの学部でも、誰でもいいけどね」

何だ、この質問は！　私は顔と名前を知っている学生はいないと、話してきた。それなのに、私のことを説明できる学生を言え、と訊いている。M検事は、私の説明が〝にわかには信じがたい〟どころか、まったく信じていないのだ。そのことを、M検事は優しく言っている。〝悪あがきは止めろ。じたばたしないで、すべて白状しろ〟と。

私はぐっと詰まった。リングのコーナーに追い込まれてダウン寸前のボクサーのようだ。チョウよ、ハチよ、どころではない。クモの巣にからめとられたイモムシだ。私は、かろうじてクリンチに逃れた。

「ひっ、ひと晩、考えさせてください。思い出してみます」

翌二月八日の検事室。傾いた冬の午後の日に日比谷公園の木々が明るく映えている。私が椅子に座るのを待って、M検事が悠然として言う。

「どうかね。思い出したかな？」

私は一気に吐き出すように言った。

「昨日までの話はすべて撤回し、これから一切黙秘します！」

瞬間、M検事の表情が強ばった。きさま、ふざけるな！　そう怒鳴って机を叩き、灰皿を投げつける。映画やテレビなら、そうなるところだ。私は半ばそれを覚悟して身構えた。しかし、灰皿は飛んでこなかった。M検事は私にいくつか質問をした後、

「どうやら、きみの決意は固いようだ。もう終わりにしよう」

そう言って、簡単な書面を作って取調べを終えた。これで、私は間違いなく起訴される。

翌二月九日、また、M検事に呼び出された。法務省の出先機関の接見室だったろうか。取調べは終わったというのに何ごとかと訝っている私に、M検事が言った。

「私たちは君について公判請求することにしました」

不思議なもので、いったん覚悟を決めると、起訴されることになっても驚きはない。意外だったのは次の話だ。M検事は表情を和らげて続ける。

「君の取調べをしていて思ったけれど、さすがに東大法学部だ、頭がいい。君は、いずれ外に出るだろう。そのときは、ルールを守って、その能力を社会のために活かしてほしい。今、君は聞く耳を持っていないだろう。けれど、今日は君にそのことを言うために、ここに来ました」

あれから五〇年経つが、その間の違反は交通切符だけだから、私は、あのときM検事が言いにきたことの半分は聞く耳を持っていたことになる。

二月一〇日、検察官の最終処分が発表された。安田講堂の守備隊三七七人のうち、起訴二九五人、家裁送致五五人、釈放一八人。そして報道されなかった〝不都合な真実〟の九人がいる。留置場の学友諸君も少年を除いて全員が起訴された。少年はすぐに少年鑑別所に送られ、また、学友諸君もまもなく拘置所に移監される。

八　家族の面会

起訴後は接見禁止が解除され、弁護人でなくても面会や書類の授受ができる。さっそくK子が面会に来た。元気そうだ。私は、

「二一六番に、すぐに、弁当を差し入れてくれ」

と頼んだ。二一六番は私の弁当を見て「中隊長はいいなあ」と言った岡山大学生だ。精悍な顔つきをして、いつも房の鉄格子の側に座っている物静かな学生だったから、私は、余計、その言葉が気になっていた。K子に〝すぐに〟と頼んだのは、岡大生も私も、まもなく拘置所に移監されるからだ。そうなれば私たちが再び会うことはないだろう。

翌日、岡大生に弁当が差し入れられた。弁当を手にしてきょとんとしているのが鉄格子の向こうに見える。見ず知らずの女性の名前で差し入れられた弁当だ。毒入りとは思わないまでも、何かの間違いだとは思うだろう。私は声をかけた。

「二一六番、その弁当、食べていいんだ」

岡大生はすぐに食べ始めた。猛烈な勢いだ。よし、その調子だ。どんどん食べてくれ！　遠くから来てくれたんだから。

兄が面会に来た。和田家の先陣を切って様子を見に来たのだろう。開口一番、

「おやじがな。安田講堂の攻防戦をテレビで見ていて最後に何と言ったと思う？　『よくやった』だって」

父はニュースで見る学生のゲバルト闘争に、「あんなことをして、どうなる」と、いつも批判的だった。だから、「よくやった」というのは息子に対するえこ贔屓の感がしなくもない。だけど、悪くない話だ。

その父が面会に来た。

「まあ、のんびりやれ」

と私に言う。すぐ後ろに立ち合いの警察官がいるので〝よくやった〟と言うわけにはいかないだろう。しかし、金網越しに見える父の目の下が黒く落ち込んでいるように見えたのは気のせいだろうか。ちょっとまいったね。

弟が面会に来た。私を見るなり目に涙を浮かべてうつむいてしまった。兄が檻の中にいることが、よほどショックなのだろう。まだ中学一年生だ。

「どうだ、もう学校には慣れたか。S先生はいいぞ。俺の担任だったしなあ」

と、私も通った、弟と同じ中学校の先生の話をしたり、

「生沢のポルシェ九一〇が北野の日産R三八一を追い抜いたよな。あのときは興奮したなあ」

と、せがまれて連れて行った六八年五月の日本グランプリの話をしたりした。だけど、何を話しても、最後まで笑顔を見せないで弟は帰って行った。

先日、卒寿を過ぎた母に訊いた。

「あのとき、一緒に連れてきたのは誰だい？」

「なに、忘れたの。私じゃないか」

と、怒り気味の返事が母から返ってきた。

まあ、母という存在は水や空気みたいなものだから、記憶に残らないことが多い。しかし、そのことを割り引いて考えても、母が一緒に来たことをすっかり忘れてしまうほど、弟のご機嫌を取るのでおおわらわの面会だった。

ともあれ、家族とひとわたり面会したところでは、私に対する和田家の世論は、「支持する」が兄、「どちらかといえば支持する」が父、「支持しない」が弟、「どちらともいえない」が母、というように分かれたようである。

九　留置場に起きた波紋

兄が差し入れてくれた本がちょっとした事件を起こした。平家物語の上下二巻、かなり厚い。

読み終えるのにそれなりの時間がかかるだろう。ということは、起訴後しばらくは出られないぞ、という合図だろうか。そんなことを思いながら読み始めた。

祇園精舎の鐘の声
諸行無常の……

祇園精舎の鐘の声も響き終わらないうちに、一九番の京大生Kの声が留置場に響いた。

「お～い、みんな、静かにしようぜ。中隊長の読書の時間だ！」

京大生Kは武勇で知られた党派の学生なのだが、知的な風貌の持ち主でもある。それで私の読書に気を遣ってくれたのかもしれない。しかし、留置場には〝一般〟もいた。

「おい、そこの学生！　えらそうなことを言うんじゃねえ！　ここを何処だと思っていやがる！　お前と洗面所で一緒になったら、石鹸箱で、どたまをかち割ってやる！」

「こらっ、学生！　ふざけたことを言うんじゃねえ！　ここはお前ら学生だけのものかよ。でかいツラするな！　よしっ、上等だ、学生対〝一般〟で勝負しようじゃねえか！」

〝一般〟たちの、堰を切ったような突然の激しいもの言いであった。迂闊だったが、〝一般〟には、世間知らずの学生たちが偉そうな顔をしているというような、私たち学生に対する反感があったのかもしれない。それが京大生Ｋの言葉を機に一気に噴出したような気がした。私は声を張り上げた。

「〝一般〟のみなさん、俺です、二三番。みなさんの言うとおり、ここは俺たち学生だけのものじゃない。だけど、一九番は俺のために言ってくれた。そのことに免じて、ここは一つ、こらえてもらえませんか」

〝それがどうした〟と言われてしまえば、ぐうの音も出ない説得力のなさではあった。それでも〝一般〟はこらえてくれたようだ。誰も何も言わなかった。やがて、静まり返っていた留置場は、何事もなかったように、いつもの賑やかさを取り戻し、再び平和が訪れた。

祇園精舎の鐘の声
諸行無常の響きあり
沙羅双樹の花の色
盛者必衰の理をあらわす
奢れる者も久しからず
ただ春の夜の夢のごとし
猛き者もついには滅びぬ

偏に風の前の塵に同じ

長くなりそうだ――――。

一〇　G巡査の別れのあいさつ

学友諸君は、一人、また一人と、拘置所に送られた。そして今日は私が送られるという日、看守のG巡査が房の扉を開けた。G巡査は、小柄だが、騒がしい留置場に向かって「他の看守のときはいざ知らず、俺のときは……」と言って静かにさせた看守だ。〝山椒は小粒でもピリリと辛い〟タイプ、同年代だろうか。官僚社会の典型の警察という組織の中で「他の看守のときはいざ知らず」と言ってのけるところがいい。背筋を伸ばして静かに執務する姿勢に、私は好感を抱いていた。

そのG巡査が、いつもは、

「出ろ」

というはずの開けた扉から、体を一つ入れてきた。板敷に両膝を付き、膝の前に鍵束を置き、両手を膝の上にのせた。つまり、正座した。そして、まっすぐ私の目を見て言う。

「一二三番、この一ヶ月、私はあなたを見てきて、あなたを尊敬するようになりました。外に出たら、是非、会いたいと思います」

私は声をぐっと低めて答える。

「いいですね、そうしましょう」

私の東大闘争の名場面の一つである。あのころの私は、かっこよかったんだなあ。よんどころない義のためにやむなく幽囚の身となるが、そこで出会った心ある看守に尊敬される。まあ、どうみても、映画の主人公を演ずる〝高倉健〟だよなあ。そう回想しながら、〝健さん〟の気分に百回くらいなったころ、ふと、思った。それにしても、G巡査は、あのとき、どこで私と会うつもりだったのだろう？　現職の警察官がゲバルト学生と……。そうか！　G巡査は、街中でも警察官と会えるような人間になってくれ、と、私に言いたかったのかもしれない。そう、堅気になれと、不器用な言い方で。〝健さん〟は、私ではなく、G巡査だったか。

注記

※１『東大裁判』六四頁にある起訴状の「公訴事実」を「被疑事実」に、「被告人」を「被疑者」に、それぞれ書き換えたもの。

第六章　東大裁判

一　中野刑務所の日々

移監先は中野刑務所だった。一九八三年に取り壊され、今は平和の森公園になっている。かつては、多くの思想犯が収容された刑務所だったという。大杉栄、荒畑寒村、亀井勝一郎、小林多喜二、中野重治、埴谷雄高、河上肇、三木清……。六九年当時は比較的軽い犯罪の既決の囚人が収容されていた。ところが、未決の囚人向けの東京拘置所が学生運動の被告人らで満室になり、それで拘置所の代用として一部を使うことになったそうだ。だから、中野刑務所では、既決囚が看守に付き添われて、イチニッ、イチニッと声をかけながら行進したり、私たち未決囚に配膳したりする姿を毎日見ることができた。

建物はコンクリート製二階建て、中に各階二列の房が平行に並んでいる。半円形だった小さな警察留置場と違って、大きな長方形、それが何棟も建っている。房の扉は鉄製、大人の顔の高さの位置に蓋つきの覗き穴、足元に食事の配膳口がある。覗き穴の蓋は扉の外側についていて看守の専用だ。房の中から蓋を押せば開くが、それは厳禁、廊下にいる看守が蓋の動きをみて飛んでくる。房の中は畳三枚、正面に鉄格子の窓、左奥に木の蓋がついた洗面台、窓の下に木の蓋がついた水洗トイレがある。どちらも木の蓋をすれば机と椅子になる。その一画はレストルーム兼書斎だ。

時間はたっぷりある。『ドイデ』も、『経哲』も、『隆明』も読んだ。向坂逸郎訳『資本論』全四冊さえ読んだ。既決囚の図書係から借りた大藪春彦『蘇る金狼』も読んだ。新しいヒット曲も聴いた。四〜五mはある高い天井の壁際に付けられたスピーカーからBGMが流れてくる。由紀さおり『夜明けのスキャット』とか、ヒデとロザンナ『愛の奇跡』とか、いしだあゆみ『ブルー・ライト・ヨコハマ』とか。食事も規則正しく既決囚が配膳口から入れてくれる。灰色の囚人服と灰色の囚人帽を身にまとった彼らは看守に対して絶対服従で、看守を〝先生〟と呼んでいる。中野刑務所は、申し分なく、平和な日常生活を送ることができる場所であった。

しかし、そこは同時に、非人間的な生活を強いる場所であった。二四時間、コンクリート製の独房にいる。学友諸君は全員が独房で、互いに話したり連絡したりできない。この隔離政策は徹底していた。扉の覗き穴から覗くことは厳禁だから、廊下を歩く学友諸君の姿を見ることはできない。毎朝の点呼のときは拘置番号で答えるから、他に誰が勾留されているのか、わからない。接見や入浴のときは房から出されるが、学友諸君と出会うことはない。看守が一人ずつ付き添って、たとえば、一人が廊下を曲がり終わって見えなくなってから、もう一人が房から出される。

運動の時間も隔離政策は変わらない。学生の大量入所ということで、刑務所の運動場の一角に学生用の特製〝運動小屋〟が新設された。小屋は全体が扇型で、扇子の羽のように細長い数個の区画に分かれている。各区画は手前の入口側が幅約二m、正面奥が幅約四m、奥行きが約二〇mある。奥行きが長いのは軽いランニングができるように、ということらしい。各区画の両側は板張りで入口側と正面は金網張りだ。清潔ではあるが、すごく細長い〝動物園のオリ〟というところか。入口から五mほど離れたところに看守の見張り台がある。運動時間になると、学友諸君は一人ずつ連れて来られて〝オリ〟に入るが、仕切りが板張りのため互いに姿を見ることはできない。一方、看守は見張り台から〝オリ〟の中の学友諸君を一望できる。警察留置場は半円形に近かったが、中野刑務所の運動小屋はそれを扇形に長く引き伸ばした簡易版といえる。

社会から隔絶した刑務所の中で、なお、中の人間を徹底的に分離する独房生活。その非人間的状況がいつ終わるとも知れないことに対する焦燥と苦痛。それを口でいうのは難しい。一月二二日に一〇日間の勾留開始、二月一日に一〇日間の勾留延長、二月一〇日の起訴による二ヶ月間の勾留継続、四月一一日に一ヶ月間の勾留更新、五月一一日に再度一ヶ月間の勾留更新。

当時、東京地裁に被告人ら全員による〝統一公判〟を要求した学友諸君は、罪証隠滅の恐れありという理由で勾留を続けられ、保釈も認められなかった。他方、単独での審理に応じた学友諸君は早期に釈放された。勾留とは、その実態をいえば、事件を争う被告人に対する真綿で首を締めるような拷問であり、判決によらない不定期刑の執行である。東大裁判では、長い勾留で何人もの学友諸君が拘禁性ノイローゼになった、という。

二　畏友の出獄

六九年年四月のこと。朝の点呼のとき、あることに気が付いた。

「三六番！」

威勢よく答えた声。それまでも、その声には気が付いていたのだが、迂闊なことに、それが誰の声であるか、考えたことがなかった。その特徴のある甲高い声は紛れもなく法闘委の松山の声だった。松山は、わざわざ大声を出して、俺はここにいるぞ！　と、私たちに知らせているのだ。そう気が付いて、私も翌日から、

「四五番！」

と、大声を出して点呼に答え始めた。そして、他にも知っている学友諸君がいるか、点呼に答

える声に注意を向けた。

「一八番！」

その声に聞き覚えがあった。法闘委の山岡か？　そう思いながら「一八番！」を何回か聞いた後のある日のこと。看守の手違いで接見室に向かう途中に鉢合わせした学生がいた。それは間違いなく山岡だった。上下のジャージーを着ている。元気そうだ。地獄で再会とはこのことだ。これで山岡に驚かされたのは四回目になった。

そうとなれば、山岡に話すべきことがあった。しかし、手紙は検閲されるし、また、人づてにできることがらではない。どうしても直接話す必要がある。その願いが天に通じた。ある晴れた日、まさに千載一遇のチャンスがやって来た。私は運動小屋の〝オリ〟の中にいた。入口の方を見ると、ちょうど、山岡が隣の〝オリ〟に入れられるところだった。何という幸運！〝オリ〟の仕切りは薄っぺらな板だ。顔は見えないけれど声は聞こえる。ただ、一つ難題があった。見張り台に立っている若い看守がやたら規則に喧しいのだ。先日も、退屈しのぎに独房でビートルズのヘイ・ジュードを歌っていると、あっという間に飛んできて扉の覗き窓から、

「おとなしくしろ！」

と怒鳴った看守だ。

私は細長い〝オリ〟の中ほどで、山岡の足音が隣に近づいて来るのを待った。看守からは一五～二〇ｍあるだろう。まもなく隣の〝オリ〟の足音が真横に来たのが聞こえた。山岡のことだから、自分の〝オリ〟に入るとき、私が隣の〝オリ〟にいるのを見たかもしれない。私は小声で囁く。

「山岡だろ。俺だ、わかるか？」

「うん」

こういうときは、山岡の寡黙さが有難い。

「話がある。二〇を数えたら、奥の金網のところに行って空を見てくれ。俺は先に行って待っている」

「うん」

私は、所在無げに、ぶらぶらと〝オリ〟の奥まで歩いた。金網に両手をかけて、向こうの高い塀の下で植え込みの手入れをしている既決囚の一団を見やる。二〇を数え終わるころ、山岡が隣の〝オリ〟の金網につかまる気配がした。山岡は、ぼんやり雲でも眺めているふりをしているだろう。

「山岡。お前のように、知力も、体力も、気力も、どれをとっても一流の人間はみたことがない。〝統一公判〟の大義はあるけれど、きっと将来、お前にはもっと別の大義が待っている。一日も早くここを出るべきだ」

そのとき、山岡が〝うん〟と答えたかどうか、聞こえなかった。だから、私の話が山岡にとって何か意味があったかは、わからない。けれども、ほどなく、朝の点呼のとき、「一八番！」という返事が聞こえなくなった。後年、山岡は知る人ぞ知る稀代の雄弁家になって世のために尽くしているという。それは私にとって五回目の驚きになるのだが、何だか、私も世のために、あのとき一役買ったような気になれることが嬉しい。

こうして畏友の山岡が出獄し、私は気が楽になった。私もその気になればいつでも自由の身になれる。そう思うと、もう少しここにいてもいいいか、という気になるから、人間の心とは勝手なものである。

三　接見室の白熱講義

六九年五月のこと。森下が接見に来た。本郷での〝法学教室〟の先生役は接見室の仕切りの向こうで銀ぶちのメガネを光らせている。話では、法学部の期末試験が、遅ればせながら、レポート形式で実施されるという。

「やれそうな科目だけでもレポートを出した方がいい。少しでも単位を取っておけば、先行き楽になるだろう」

森下は、そう言って、私に各科目の課題を説明し、積み上げた法律の教科書を開いて見せた。接見時間は一五分だ。勢い、森下の口調は早く熱くなる。白熱の講義だ。立ち合いの看守も、いつもなら、〝時間だ〟と言って打ち切る接見を、今日は眠ったふりをして延長してくれる。

森下は二〇分を過ぎたところで講義を終え、

「読むところに印をつけてある」

と、法律書を一〇冊くらい差し入れて帰った。全部が新品、わざわざ買って来てくれたのだ。

課題の中に、団藤重光教授の刑事訴訟法があった。設問は『捜査における司法官憲の役割について論ぜよ』とある。私は論じた。

「捜査における司法官憲、すなわち裁判官の役割は、逮捕状、勾留状、捜索差押許可状などの令状を審査して、捜査機関による人権侵害を防止することにある。

しかし、これは教科書に書いてある建前にすぎず、現実は逆である。現実の捜査における司法官憲の役割は捜査機関による捜査を支援・助長することにある。たとえば勾留の場合、裁判官は、捜査の妨げにならないように、検察官から請求があれば勾留状を発行し、その延長を求められれば延長し、捜査段階だけでなく起訴後においても、何回でも勾留を更新し、保釈は認めない。勾留理由は、どうにでも理屈をつけられる〝罪証隠滅の恐れあり〟を使う。こうして無限定・無制限に勾留を継続することによって、被疑者・被告人に対し、無罪を主張したり検察官の証拠を争ったりすれば、裁判以前に実刑に匹敵する長期の身体的・精神的苦痛を蒙ることを知らしめ、もって、被疑者・被告人の抵抗を予防して円滑な捜査を可能にする。

　ちなみに、私は、現在、安田講堂攻防戦で逮捕され、四ヶ月以上勾留されているものであるが……」

　レポートの提出後、しばらくして、団藤教授から手紙が届いた。達筆の青インクで書かれた便箋の一枚一枚に中野刑務所の検閲印が押してある。成績は、当然といえば当然なのだが、〝不可〟だった。他の内容はよく憶えていないけれど、団藤教授が、わざわざ、面識もなかった私に手紙をくれたことの意味が、いつかわかるような気がして、長い間、その手紙を保管していた。それがあれば、ここに正確な意味を書けるような気がするのだが、いつしか処分してしまった。今考えると惜しいことをした。

四　東京地裁の分割公判――隠されたXファイル

東大闘争弁護団は、六九年三月、東京地裁に対し、東大闘争の意義を正当に評価するためには、事件を統一して審理すべきであるという意見書を提出していた。[※1] 一月一八日と一九日に安田講堂、工学部列品館、法学部研究室など本郷キャンパスの建物で逮捕・起訴された学生五〇〇〇人余の事件を一個に併合して審理せよという内容であり、この審理方式が世にいわれた〝統一公判〟である。

東京地裁は、これに対し、同年四月、法廷が〝大衆団交〟の場になることを危惧し、一グループ一〇人前後のグループ別審理方針を打ち出した。[※2] 安田講堂の場合、統一公判を求める学生二四四人について、グループ七人～一五人、少年一グループを含む計二一グループに分けて審理することにし、その時点で氏名不詳の一人を除く二四三人全員について、所属するグループと審理する裁判部を記載した一覧表を弁護団に提示した。[※3] このグループ別審理方式が、世にいわれた〝分割公判〟である。

弁護団は、このグループ分けの基準に疑問を呈した。基準の内容によっては審理する裁判所が予断を抱き、それは憲法が被告人に保障する〝公平な裁判所〟による裁判とはいえない。グループ分けは司法行政だから裁判所の審理には影響しないといっても、それは形式論にすぎない。なぜなら司法行政を担う裁判官会議には審理を担当する裁判官も全員参加する。だからグループ分けの基準が事件の内容にかかわるものであれば、裁判所の審理に事実上の影響を及ぼすことは避けられない、と。

しかし、東京地裁は弁護団や被告人学生らの反対を押し切って、六九年五月から分割公判を開始し、同地裁新関所長は、同年七月、グループ分けの経過を記者会見で公表し、その説明資料とする書面を配布した。※4

「まず公訴事実により建物別にグループ分けをしたうえ、特に被告人の多い安田講堂事件および法学部研究室事件については、さらに被告人らの学校別及び派別によって、グループを小分けにし、また、少年については、少年法の要請から少年だけのグループを別個に作った」「被告人らの派閥、所属校等の事情は、裁判官会議が設けている裁定合議委員会において調査したものであるが」「派閥、学校以外のことを調べる必要もなく、現に何ら調べられていない」

こうして、東京地裁は、グループ分けの基準は派閥と学校だけであると世に説明した。

しかし、弁護団は、グループ分けの基準が〝派閥と学校だけ〟という東京地裁の説明を、当初から疑っていた。直前の秩父宮ラグビー場事件では、東京地裁は被告人ら全員について、派閥・大学のほか自白の有無・逮捕歴・東大ストライキ実行委員長など闘争における地位まで調べていた。何故、安田講堂事件では派閥と学校だけなのか。弁護団は「(東京地裁は)むしろ詳細な事実にまでわたって調査していると推測し得るのであり、そこに何か不明朗なものが残る」と疑問を呈した。※5

弁護団が指摘した〝不明朗なもの〟とは何か。私にはわかる。今、手元に、分割公判で判決を受けた三つのグループの一覧表がある。便宜上、グループ名を①②③と名付けよう。そこに派閥が同じ東大生が一二人いる。グループ①に四人、グループ②に五人、グループ③に三人である。この一二人は、派閥と学校が同じだから、東京地裁がいう派閥と学校だけの基準では、三グループに分けた理由を説明できない。何故、学生Aはグループ①で、グループ②③ではないのか。何故、学生Bはグループ②で、グループ①③ではないのか。学生Aをグループ①に、学生Bをグループ②に、それぞれ分けた理由は、派閥と学校以外に、別の資料——Xファイル——が存在したからではないか。

そのとおり、Xファイルが存在した。それは、安田講堂攻防戦における学生の守備位置である。分割公判における学生の守備位置は、グループ①が五階南バルコニー、グループ②③が三階大講堂であった。そして東京地裁による一二人のグループ分けは、分割公判における一二人の守備位置と一致した。これは偶然だろうか。断じて否である。確率を考えればわかる。一二人の守備位置について、五階南バルコニーと三階大講堂という二つの選択肢があるとき、組み合わせは二の一二乗、すなわち四〇九六通りある。一二人全員のグループ分けが守備位置と一致するのは、そのうちの一通りだから、確率は四〇〇〇分の一以下である。偶然では起こり得ない。学生の守備位置をグループ分けの基準として用いたからこそ、分割公判における学生全員の守備位置がグループ分けと一致したのである。学生の守備位置、そのXファイルこそ、弁護団が指摘した〝何か不明朗なもの〟の正体だ。しかし、東京地裁はXファイルの存在を弁護団に隠した。守備位置によるグループ分けは学生がその守備位置で行動したという予断を裁判所に抱かせる、という弁護団から起こる当然の批判を恐れたからであろう。

それでもいいではないか。学生の守備位置が予めわかっていれば、裁判所の審理の手間が省ける。それに、東京地裁のグループ分けの基準に〝不明朗なもの〟があっても、たとえ東京地裁の説明に嘘があっても、学生の守備位置に誤りがなければ、結果オーライではないか。そのことは、たしかに一理ある。守備位置のXファイルが正しい場合には、そう言うこともできるだろう。しかし、もしXファイルに誤りがあったときはどうなる？　誤ってグループ分けされた学生がいたときはどうなる？　誤ったグループ分けで裁判所が予断を持ったらどうなる？

その答えはもう少し先になる。何しろ、私は守備位置が三階大講堂だったのに、何故か、分割公判では、守備位置が五階南バルコニーのグループに入れられた。その理由がXファイルの誤りによる、ということがわかるのは、東京地裁の判決を読んでからなのだ。

五　荒れる法廷

東京地裁は六九年五月二七日を皮切りに次々と分割公判を開始した。私たち学生は分割公判に抗議して出廷を拒否し、公判期日に看守が出廷させようと迎えに来ても、独房の鉄格子にしがみついて離れない。しかし東京地裁は被告人ら欠席のまま審理を進めた。[※6]

分割公判の強行に反対する弁護人や抗議する傍聴人はたいへんな目にあった。以下は七月一日の公判の様子を報じた毎日新聞同日夕刊の記事である。

「一日午前十時すぎから東京地裁刑事第一部（O裁判長）で開かれた安田講堂占拠の中核派九被告初公判で、出廷していた弁護人十人全員が開廷直後に退廷、拘束された」

弁護人が退廷させられたり拘束されたりした例は他にもあったが、この日のO裁判長の訴訟指揮は弁護人の全員を開廷直後に退廷、拘束するという荒わざだ。

「裁判長の命令で傍聴学生を退廷させるさいの裁判所警備員の行動は目に余る乱暴ぶりで、裁判長があわてて制止するほど」

　O裁判長は続けて傍聴学生を退廷させたようだが、刑事第一部の警備員は、そのO裁判長でさえ慌てるほど、輪をかけて荒っぽかった。

「刑事第二十六部（I裁判長）での安田講堂グループ十一被告の公判も荒れ、十時半すぎには傍聴人の半数近くに退廷が命ぜられ、出廷拒否の拘置中の被告らについても欠席裁判が進められた。この法廷でも傍聴人の退廷執行のさい、廊下でころんだ女子学生に飛びかかり、頭を壁にガンガンたたきつけるといった警備員の乱暴ぶりが目立った」

　刑事第二六部の警備員の兇暴さは極めつけだ。強硬なO裁判長さえ慌てさせた第一部の警備員の荒っぽさを、さらに上回る無法ぶり。東京地裁の警備員には困ったものである。

　さすがに東京地裁も反省したようで、同年七月四日の朝日新聞朝刊は以下のとおり報じた。

「東大事件の公判で、被告や傍聴学生の騒ぎに対し退廷命令などを執行する裁判所警備員の度を越えた実力行使が目立っているが、新関東京地裁所長は『裁判所職員にふさわしくない行きすぎた行為がないよう、地裁内に小委員会を設けた。そこで警備員の訓練や警備規則の新設、警備員の増員などの問題を検討したい』と語った」

　季節は既に真夏である。コンクリート製の独房は二月に入ったころは足にしもやけができたくらい、冷蔵庫のように寒かったが、今は蒸し風呂のように暑い。七月二一日だったたか、看守が私の独房の扉を開け、アポロ11号が月面着陸に成功したと言いながら、両脚をゆっくり交互に動かして宇宙飛行士が月面を歩行する様子を真似て見せた。勤務中なのに、わざわざ私に伝えに来るくらい、外の世界では大ニュースなのだろう。けれど、私にはピンと来ない。半年も独房に監禁されていると、世間の感覚とずれてしまうのだろうか。

それから二〇日経った八月一〇日頃、ようやく保釈された。一月一九日に逮捕されて以来二〇〇余日ぶりに人間の社会に戻ることになった。ただ、警察の留置場を出るときは、G巡査のおかげで〝健さん〟の気分になれたが、今回は、なれなかった。それがちょっと残念かな、と思いながら刑務所の出口に向かったが、どうやら私の早とちりだったようだ。刑務所の門の向こうに、黄色いハンカチを手にして、K子が立っていた。

六　退廷、退廷、また退廷！

保釈後は公判期日に出頭しなければならない。出頭しないで保釈を取り消されると、また勾留である。そのうえ保釈金を没収されてしまう。保釈金は一五万円、当時の家庭教師のアルバイトが週二回で月一万円だったから、馬鹿にならない金額だ。それも、統一救対が集めてくれた浄財だ、没収されるわけにはいかない。

　初めて法廷に出頭したのは六九年九月の公判期日、ほかにグループの学友諸君が四〜五人いる。在宅起訴か保釈された諸君で、みんな他の大学生、知っている顔はいない。同じグループでも、ビッグネームの五木や法闘委の松山は未だ勾留中で出廷を拒否している。担当のＩ裁判長は東京地裁のなかでも強硬な訴訟指揮をすることで有名な〝超タカ派〟の裁判官だという。

　法廷は弁護人席に東大闘争弁護団のＹ弁護士ら約一〇人、傍聴席は満員だ。私は学友諸君と並んで被告人席に座った。開廷の一〇時、Ｉ裁判長が陪席裁判官二人を従えて法廷に入って来た。廷吏が法廷に向かって声を上げる。

「起立！」

　私たちは座ったままで起立しない。分割公判には応じないという抗議の姿勢だ。Ｉ裁判長が叫ぶ。

「被告人は起立しなさい！」

　それでも私たちは起立しない。Ｉ裁判長がまた叫ぶ。

「被告人は全員退廷！」

　私たちは廷吏や警備員らに押されて廊下に追い出される。背後で、

「被告人たちが裁判を受ける権利を奪うのですか！」

というY弁護士らの抗議の声がする。

「ナンセンス！」

と、異議を叫ぶ傍聴人が次々と警備員によって廊下に押し出されてくる。やがて弁護人も退廷させられ、誰もいなくなった法廷で裁判官と検察官が審理を進めていく。

六九年一〇月、私たちは作戦を変えた。起立しないとすぐに退廷させられ、分割公判に異議をいう機会がない。それなら起立したままでいたらどうか。他のグループでは被告人らが立ったまま裁判長と議論しているところもあるらしい。私たちが、その方針で、廷吏の「起立」に続く「着席！」の声にも立ったままでいると、やはり、全員退廷だった。この日、I裁判長は抗議した五人の弁護人を拘束し、そのうちY弁護士を五日間の監置処分にした。Y弁護士ら東大弁護団は私たちのために文字どおり体を張って弁護してくれた。

七　超タカ派判決の事実誤認

迎えた七〇年四月の判決は、グループの学友諸君一六人中一四人が実刑だった。刑期の最長はビッグネーム五木の二年六ヶ月だ。法闘委の松山も実刑、そして、私も実刑だった。

判決は事実を誤認した。私が、六九年一月一八日と一九日、安田講堂の五階南バルコニーで機動隊員らに投石したというのだ。何だ、この判決は！　一八日と一九日の私の守備位置は三階大講堂だった。なるほど、一八日の夜に五階南バルコニーに行ったことがある。だからといって、何故、バルコニーから投石したことになるのだ。その答えは、詳細は次の控訴審のところで説明するけれど、I裁判長に予断――グループの被告人は全員が五階南バルコニーの守備位置にいたという予断――があって事実を誤認したということである。

そういう判決結果になったのは自業自得ではないか。裁判官も人の子だ。〝起立〟といえば座り、〝着席〟といえば立つ。そんな不届きな学生は厳罰にせよ。立証の機会は与えた。それなのに、分割公判を非難するだけで何の立証もしなかった。いまさら予断がどうしたとか、泣き言をいうな！　そういう声が聞こえてきそうである。今はもう、その声をあえて否定するのはよそう。ただ、知っておいてもらえればいい。分割公判が裁判所に予断を抱かせるという、学友諸君や弁護団の批判には少なくても一理があったということを。

東京地裁の裁判官の中には立派な裁判官もいた。K裁判長だ。同じ欠席裁判でも、学生に有利な証拠を丁寧に調べて判決している。その判決書を読む。

「弁護人および被告人は、いずれも有利な事情についての主張、立証をしないので、当裁判所は職権で、被告人らの父兄に対し被告人らの処遇に関する意見や希望などについて、証人として法廷で述べるか、書面にしたためて提出するかするよう二回《原文ママ》にわたって要請した」「一部の被告人については、当裁判所の要請に応じ、関係大学の恩師が進んで証人として出頭し……」

とある。被告人が立証しなくても、被告人の立場に配慮して審理するのが〝公平な裁判所〟だと思うが、どうだろう。

Ｋ裁判長のグループは、本来であれば私も入れられるはずの、守備位置が三階大講堂の本郷学生部隊だった。判決結果は、法闘委リーダー格の宮木も執行猶予、前歴四回の松原も執行猶予、パチンコで警察ヘリを撃退した稲川も執行猶予、土壇場で安田講堂の防衛に駆けつけた杉村も執行猶予、経済学部闘争委員会の相沢も執行猶予だった。相沢は、その後、風の噂では学歴を高卒といって就職しダンプの運転手をしていたという。私の高校の一年先輩で高校時代はサッカーをやっていたが、ガッツのある人なんだよ。

このグループの中で、唯一人、実刑になったのが本郷学生隊長の島だ。グループの責任を一身に背負って服役したことになる。島は出所後、動物学者になった。学者なら大人しくしているだろうって？　それがなあ、はるばるマダガスカルまで遠征してな、アイアイって知ってい

るかい？　霊長類の仲間だけど人類のせいで滅亡寸前なんだ。島はその防衛隊長をやっているんだ。[※7]

八　東京高裁の控訴審

私は東京高裁に単独で控訴した。弁護人は安田講堂攻防戦の逮捕直後に接見に来てくれたO弁護士だ。O弁護士の調査でわかったことは、一審の東京地裁の公判記録の中に、私の守備位置に関する証拠は二つしかない。一つは、私を三階大講堂で逮捕したというS巡査の証言。もう一つは、何時かは特定していないけれど、五階で私を見たという学生の供述調書。私は、その学生の顔も名前も知らなかったが、学生は私の顔を知っていたらしい。二つの証拠は、どちらも嘘ではない。私は、一月一九日の午後、三階大講堂で逮捕されたし、前日一八日の夜、五階に行った。しかし、どちらの証拠も、十八日と一九日の私の守備位置の決め手にはならない。それなのに、東京地裁がグループ分けしたときのXファイルは私の守備位置を五階南バルコニーとした。Xファイルを作成した時点では、S巡査の法廷証言はなかったので、学生の供述調書を用いたか。しかし、S巡査が作成した現行犯逮捕現認書は存在しただろうから、あるいは、さいころを振って決めたか。

Ｉ裁判長は、私が五階南バルコニーのグループに入っているから、そこが私の守備位置であると思い込んでしまった。その予断がなければ、どうであったか。普通の裁判官であれば、いや誰であっても、こう思ったのではないか。守備位置が五階南バルコニーであるとすれば、何故、三階大講堂で逮捕されたのか？　裁判記録を精査してもその理由を示す証拠は一切ない。それでは、三階大講堂では、ほかにどんな学生たちが逮捕されたのか？　その説明を検察官に求めるのではないか。そのとき、検察官はどう答えただろうか。

五〇年後の今、私は検察官の答えを想像することができる。

〝法闘委の一七人が逮捕されました。彼らは一月一八日と一九日に三階大講堂の守備位置にいました〟と。

なぜなら、前に言ったように、そう書いてある別グループの事件の検察官の冒頭陳述書を発見したからである。私はその法闘委一七人のうちの一人であった。こうして、予断を持たない裁判官であれば、私の守備位置が三階大講堂であったことを容易に知り得たであろう。しかし、Ｉ裁判長には予断があって適切な審理を怠った。その結果、私は安田講堂攻防戦で、Ｉ裁判長のグループでは五階南バルコニーで、別グループでは三階大講堂で、二人分の活躍をしたことになった。喜ぶべきか、悲しむべきか。

けれども、残念ながら、控訴審でも結論は変わらなかった。Ｏ弁護士の説明では、刑事事件の控訴審は原則として一審判決を尊重する、だから、決定的な証拠がないと覆すのは難しい。その証拠がありそうな他のグループの裁判記録は事件が継続中という理由で閲覧できなかった、ということだった。

プロの弁護士らしい謙抑的な説明だったと思う。私にいわせると、Ｏ弁護士の立証活動は優勢で、先ほどの検察官冒頭陳述書のような決定的な証拠がなくても、一審の認定は覆ってもおかしくなかった。だけど、控訴審の東京高裁は、一審判決を覆したとき、未だ継続中の東大裁判全体に影響が及ぶことを恐れた。一審判決に事実誤認があることを認めたら、分割公判は予断排除の原則に違反するという東大弁護団の批判に、格好の例を提供することになる。それを避けるためには、事実を誤認した一審判決であっても、しょうがないから維持するほかない、と考えたのだろう。

控訴審は、その代わり、一審の実刑判決を取り消して三年の執行猶予を付けた。判決は七二年のことだから猶予期間が満了したのは七五年である。

こうして、私は六九年から六年かけて、安田講堂攻防戦の責任をとったことになる。

注記

※1 東大闘争弁護団「東大事件統一公判問題に関する意見書」判例時報五五八号四一頁
※2 東京地裁刑事部所長代行横川敏雄「東大関係事件の取り扱いに関する基本方針」右同四二頁
※3『東大裁判』一一三、一三〇頁
※4 東京地裁「東大関係事件のグループ別併合案の作成経過について」判例時報五六二号二〇頁
※5 東大闘争弁護団「東大事件における『分割方針』作成経過と東京地裁の責任」(『東大裁判』)一一四頁
※6「被告人が出頭しなければ開廷することができない場合において、勾留されている被告人が、公判期日に召喚を受け、正当な理由がなく出頭を拒否し、刑事施設職員による引致を著しく困難にしたときは、裁判所は、被告人が出頭しないでも、その期日の公判手続きを行うことができる。」刑訴法二八六条の二
※7 島泰三『マダガスカル アイアイのすむ島』草思社、二〇〇六年

終章　安田講堂攻防戦始末

安田講堂攻防戦五階南バルコニー守備隊の学友諸君は、ひたむきに統一公判を求めて裁判闘争を続けた。しかし、一九七五年に控訴棄却、続いて七八年に上告棄却、その結果、一審の超タカ派判決が確定した。このグループが安田講堂攻防戦で最後に判決が確定したグループであろう。その中で、最長の二年六ヶ月の刑に服したビッグネームの五木は、東大全共闘のメンバーとして、安田講堂攻防戦の責任を最後に全うしたことになった。

七八年は世界中が戦いに燃えた六八年とは様変わりしていた。日本では、沢田研二の『勝手にしやがれ』と、ピンク・レディの『渚のシンドバッド』がヒットし、その二曲を組み合わせて、ドリフターズが『八時だヨ！全員集合』の定番にし、サザンオールスターズが『勝手にシンドバッド』でデビューした。世界では、イーグルスが『ホテル・カリフォルニア』を歌っていた。

「一九六九年からこのかた、〝スピリット〟はありませんよ」と。

法闘委の中で、松山は、ただ一人、実刑に服した。安田講堂前の広場でタテカンを作っているとき、一〇年後の私たちを想定して、「俺たちはそんなヤワじゃない」と言い切った松山だった。あれからちょうど一〇年が経つ。その場面を思い浮かべて複雑な感慨に耽っていた私だったが、それを知ってか知らずか、出所してきたばかりの松山は当時の風貌のまま、にやりと笑ってこう言った。

「和田くん、ぼくはね、黒羽刑務所が始まって以来の秀才だ、と言われたよ」

『東大闘争　50年目のメモランダム』年表

年月日	出来事
一九四五・〇八・一五	終　戦
一九四六・〇五	丸山眞男『超国家主義の論理と心理』世界五月号
一九四七・〇五・〇三	日本国憲法施行
一九五一・〇九・〇八	サンフランシスコ講和条約
	日米安全保障条約
一九六〇・〇六・一五	安保条約改定阻止国会デモ（東大生樺美智子死亡）
一九六七・一〇・〇八	佐藤首相南ベトナム訪問阻止羽田闘争（京大生山崎博昭死亡）
一九六八・〇一・二九	東大医学部無期限ストライキ開始
一九六八・〇六・一五	医学部全学闘争委員会による安田講堂占拠
	ベトナム戦争反対六月一五日行動

一九六八・〇六・一七	機動隊による安田講堂占拠学生排除
一九六八・〇六・二〇	法学部を除く九学部一日スト
	全学抗議集会（安田講堂前、七〇〇〇人）
一九六八・〇七・〇二	安田講堂再占拠
一九六八・〇七・〇五	東大闘争全学共闘会議結成
一九六八・〇八・一〇	大河内一男総長、「告示」を全学生に送付
一九六八・一〇・一二	法学部が参加して全学無期限ストライキ
一九六八・一〇・二一	国際反戦デー
	新宿駅周辺に騒乱罪適用
一九六八・一一・一二	日大・東大全国学園闘争勝利総決起集会（安田講堂前、一万人）
一九六八・一一・一九	加藤一郎総長代行の提案集会粉砕闘争
一九六八・一二・二三	法学部研究室封鎖
一九六八・一二・二四	毎日新聞による丸山眞男「ナチ発言」報道
	医学部学生大会粉砕闘争
一九六八・一二・二九	加藤代行、文部省と協議の後、一月一五日頃までに紛争解決の

	見込みがつけば復活するとして、入学試験中止決定
一九六九・〇一・一〇	秩父宮ラグビー場における七学部集会
	教養学部代議員大会粉砕闘争
	民青外人部隊による安田講堂襲撃
一九六九・〇一・一五	東大闘争勝利・全国学園闘争勝利労学総決起集会
	（安田講堂前、三五〇〇人）
一九六九・〇一・一八	安田講堂攻防戦（工学部列品館・法学部研究室の封鎖解除）
一九六九・〇一・一九	安田講堂攻防戦
一九六九・〇一・二〇	政府、東大入試中止決定
一九六九・〇二・一〇	安田講堂攻防戦の学生ら大量起訴
一九六九・〇二・一五	吉本隆明『収拾の論理と思想の論理』文芸三月号
一九六九・〇二・二四	丸山眞男の講義再開阻止闘争——人民裁判
一九六九・〇三	丸山眞男入院
一九六九・〇四	庄司薫『赤頭巾ちゃん気をつけて』中央公論五月特大号
	内藤國夫『ドキュメント　東大紛争』文藝春秋

一九六九・〇五	三島由紀夫と東大全共闘の討論集会
	東京地裁、安田講堂攻防戦守備隊のグループ別分割公判開始
一九六九・一一	東京地裁、安田講堂攻防戦守備隊のグループ別欠席判決開始
一九七一・〇三	丸山眞男、東大を早期退職
一九七八・〇六	最高裁、安田講堂攻防戦五階南バルコニー守備隊の上告を棄却
一九八九・〇三	丸山眞男、一九六〇年度東洋政治思想史講義の聴講生らが作る「'60の会」の同人誌「'60」に『昭和天皇をめぐるきれぎれの回想』を寄稿
一九九六・〇八・一五	丸山眞男、死去（八二歳）
一九九八・〇二	丸山眞男『自己内対話』みすず書房

第二部

丸山教授の遭難

序章　二〇一八年春——東京女子大学丸山眞男文庫

東京女子大学の図書館は新緑が鮮やかな中庭を過ぎたところにあった。案内された閲覧席の隅に座り、机上に備え付けられたパソコンの画面を開くと『春曙帖』[※1]が映し出された。東大闘争当時、丸山眞男が使っていた手書きのノートである。私は画面を送りながら、その男の名前を探した。丸山没後、ノートを編集した『自己内対話』[※2]——以下『対話』と略す——が刊行されたが、男の名前は編集者によって伏せられ、「法闘委の□□君」になっていた。『対話』によると、「法闘委の□□君」は、五〇年前の一九六九年二月二四日、講義を再開しようとした丸山が学生の集団にマイクで追及されているとき、「もっとマイクを離せよ」と言って、学生に注意したという。[※3]「法闘委の□□君」とは誰か。答えは『対話』の原本、『春曙帖』にある。

『対話』を読むことになった契機は別のところにあった。東大闘争からちょうど五〇年を迎えて、少しずつ、当時の新聞や雑誌、その後書かれた本を読んだ。そして、事実はなるほどそういうことであったかと、今さらながら思うことがあった。本書第一部はこれらの文献と断片的な記憶に基づいている。

その中に一つ、腑に落ちないことがあった。東大全共闘が、六八年一二月二三日、法学部研究室を封鎖したときに、丸山が〝ナチもしなかった〟暴挙であると言ったと伝えられていることである。この丸山ナチ発言は、全共闘を、人類史上も稀れな非道の犯罪を実行したナチと比べ、それ以上に悪い奴であると非難したものと受けとめられ、全共闘による丸山追及の原因になった。また、丸山が、東大教授の特権を侵害されるとなれば、なりふり構わず怒鳴り散らすような人であるという負のイメージで語られる原因にもなった。丸山ナチ発言は伝説になったかのように、その後も多くの丸山関連本に取り上げられている。

丸山は、ほんとうに〝ナチもしなかった〟と言ったのだろうか。私は五〇年前のそのとき、全共闘の先頭、法学部闘争委員会の隊列の中にいた。しかし、当時、丸山を知らなかったし、また、それらしき人の姿を見ることも、それらしき人の声を聞くこともなかった。私は丸山ナチ発言の存否について、証人としての資格を欠いている。けれども、丸山ナチ発言は当時の感覚にどうにもしっくりこない違和感がある。法学部闘争委員会で丸山ナチ発言が話題になったことはまったくなかったし、それは全共闘でも同様であったろう。丸山ナチ発言が問題になったのは翌年一月の安田講堂攻防戦より後である。

関連する文献を読むと、丸山ナチ発言をいうものは、伝聞、しかも具体的な事実を伴わない言い伝えをそのまま事実として書いているに過ぎないものが多い。むしろ、ほとんどがそうであると言っていい。だが、少数ではあるものの、発言の存在の否定につながる証拠がある。丸山ナチ発言はなかったのではないか。

なかったことの証明は〝悪魔の証明〟といわれるように、極めて困難なことである。それに、五〇年前に丸山ナチ発言があったか否かなどどうでもいい、という囁きも聞こえる。けれども、真実の神は細部に宿るという。また、法学部研究室の封鎖に参加した一人として細部について語っておかなければならない、という思いもある。私は〝悪魔の証明〟に挑戦してみようと思う。

『対話』はその挑戦の鍵であり、その中に、偶然、「法闘委の□□君」という記載があることを知った。私は『春曙帖』の頁をパソコン画面上で次々に送り、そして見つけた。やはりそうだった。そこには丸山の手で書かれた中野の名前があった。あの情況の中で丸山を庇うことができるのは中野しかいないだろう。五〇年前、安田講堂が機動隊に包囲されるという前夜、「外に出て闘争を続けるほうが、よほど大変だろう」と言った私に、「まあねえ」と苦笑いした中野の表情が浮かぶ。そのとき、「また会おう」と別れたのだが、五〇年後、東京女子大の図書館で約束を果たしたことになった。

注記

※1　丸山眞男『昭和三六年以降雑記帳（春曙帖）』東京女子大図書館丸山眞男文庫収蔵。以下、『春曙帖』と表記する。『春曙帖』に付す数字は、丸山が見開き左頁上に記した通し番号である。

※2　丸山眞男『自己内対話』みすず書房、一九九八年。丸山没後、丸山のノート『春曙帖』ほか二冊を編集して発行された。

※3　『対話』一三三頁

第一章　丸山教授の遭難

一　丸山教授のナチ発言報道

(1)　法学部研究室の封鎖と毎日新聞報道法学部闘争委員会が、一九六八年一二月二三日、法学部研究室を封鎖したことは本書の第一部で書いた（第二章四「法学部研究室の無血開城」）。翌二四日の朝日新聞朝刊は、その様子を以下のとおり報じた。

「全学共闘会議は、この日午後二時ごろから安田講堂前で総決起集会を開いたあと、三時すぎ、ヘルメットに覆面姿、角材や竹ざおを持った約四百人がいちょう並木にそった正門すぐ前の法学部研究室に向った。研究室の入口では、教官や大学院生、一般学生ら約五十人がスクラムを組んで阻止しようとしたが、体当りしてきたヘルメット学生たちにあっという間に突きくずされた。ヘルメットの学生たちは法学部闘争委《原文ママ》を中心とする学生約五十人が研究室内にはいり、内側からドアや窓をくぎづけにするなどして封鎖した」

同日の毎日新聞朝刊は、朝日新聞が書いていない丸山の行動について、以下のとおり報じた。

「つぎつぎ出入口から引きずり出される教授たち。丸山真男教授はゴボウ抜きされたあと腕ぐみをしたまま二度、三度ヘルメット学生たちの中に飛込み、玄関にかけ寄ろうとした。それを引戻す学生。『君たらを憎んだりしない。軽べつするだけだ』と言いきる丸山教授。『あんたのような教授を追出すために封鎖したんだ』とやり返すヘルメット学生。『軍国主義者もしなかった。ナチもしなかった。そんな暴挙だ』と言う丸山教授たちを他の教官がかかえるようにして学生たちの群れから引離した」

そのとき、私は法闘委の隊列にいたが、当時、この毎日新聞報道（以下「毎日ナチ発言報道」という）が法闘委や全共闘の間で話題になったことがないことは既に述べた。

(2)　法学部研究室の封鎖の解除と毎日新聞報道

法学部研究室は、六九年一月一八日、機動隊によって封鎖を解除された。丸山は、その直後、法学部研究室の建物内の自分の研究室に入ったが、そのときの様子を翌一九日の毎日新聞朝刊は以下のとおり報じた。

「万が一の無事を祈って自分の研究室にはいった丸山真男教授は、しばらく声も出せなかった。『部屋の中央にあった本ダナが、そっくりなくなっちまった』――やっと口を開いてがっくり肩を落とす。『学生は研究室を教授がすわっている部屋ぐらいにしか思っていないんだ』といいながら、小さな懐中電灯で薄暗くなった研究室を照らし、床にばらまかれ、泥によごれた書籍や文献を一つ一つ拾いあげ、わが子をいつくしむように丹念に確かめながら『建物ならば再建できるが、研究成果は……。これを文化の破壊といわずして、何を文化の破壊というのだろうか』とつぶやいていた。押さえようとしても押さえきれない怒りのため、くちびるはふるえていた」

この報道に東大全共闘がどのように反応したかは、その頃、私は機動隊に包囲された安田講堂の中にいたのでわからない。しかし、一八日と一九日は安田講堂攻防戦の真っ最中であったし、全共闘は、これに呼応する神田カルチェラタン闘争を展開していたはずだから、気に留める者はいなかったのではないか。

ちなみに、法学部研究室の資料の破損は、大学当局によると、修復不能のマイクロ・フィルムが四七リールで全体の約一％、修理不能の図書が九冊だったという。[※1]また、『佐々』[※2]によると、当時法学部研究室の管理責任者であった金沢良雄教授は、二月五日、機動隊の隊舎を訪ね、法学部教官一同を代表して、

「大切な資料がほとんど無事に保存できたのは、ひとえに機動隊の皆さんのおかげです」

と言って、深々と頭を下げたという。

封鎖解除直後の報道のわりには、法学部研究室の資料は、全体として、大きな被害がなかっ

たようである。

二　吉本隆明の丸山批判『収拾の論理と思想の論理』

毎日新聞の前記各報道、とくに法学部研究室封鎖のときのナチ発言報道をもとに、丸山批判の火をつけたのは吉本隆明である。吉本のその論稿は『情況１　収拾の論理と思想の論理』と題して、六九年二月一五日発売の『文芸』三月号に掲載された。[※3] 同誌の編集後記には、「本号の締切り直前、東大に機動隊の導入が行なわれ、小社社屋前の通りでも、いわゆる〝カルチェ・ラタン〟方式による市街戦が生々しい形で繰り広げられました」とある。

吉本の論稿は全共闘の学生に大いに読まれたはずである。二月一五日の朝日新聞朝刊に掲載された『文芸』三月号の広告は、その目立つところに論稿のタイトルがあったし、吉本はもともと全共闘系学生に人気のある評論家であった。安田講堂攻防戦の直後とあっては、なおさらのことであったろう。

吉本は、冒頭、『現代日本の革新思想』（河出書房新社、一九六六年）に掲載された、丸山の以下の発言[※4]を引用する。

「私がいうのは、おそろしく『抽象的』な術語や象徴をつかいながら、『具体的』には街頭や集会ですぐ肉体的に激突するような傾向、（笑）或いは、実現可能性からいえば、いろんな時間的な巾をもっている闘争目標が、すべて資本主義社会における疎外の回復といった雄大な目標に目盛がセットされ、その結果、絶対革命主義が結果としては絶対現状維持になっちゃうような傾向ですね。なぜそういう純粋主義が受けるか、という問題です。もちろん、こういう『抽象派』あるいは『具象派』（笑）が輩出したのは、前にも論じられましたように、伝統マルクス主義ないしは前衛神話の崩壊という歴史的背景があるわけです。ただもう少し微視的に個々人を見てみると、こういうラディカルは政治的ラディカルというより、自分の精神に傷を負った心理的ラディカルが多いですね。その心の傷は、ある場合には党生活のなかでの個人的経験に根ざしているし、ある場合には戦中派の自己憎悪に発しているし、ある場合は、俺は一流大学を出て本来は大学教授（？）とか、もっと『プレステイジ』のある地位につく能力をもちながら、『しがない』『評論家』や『編集者』になっているという、自信と自己軽蔑のいりまじった心理に発している。学生の場合は、現代の、とくに大都会でマス・プロ教育を受ける環境に当然ひろがる疎外感と孤独感が下地になっているでしょう。（丸山真男『現代日本の革新思想』の発言より）」

こう丸山発言を引用したあと、吉本は続ける。

「ほぼ三年ほどまえ、かけあい漫才よろしく談笑のうちに丸山真男によってこう規定された『純粋主義』の学生の末裔たちは、丸山真男の属する東大法学部の学館になだれこみ、丸山真男を研究室から追いだした。新聞の報道では丸山真男は封鎖する学生たちの群れにむかって再三『肉体的に激突』（？）をくりかえし〈君たちのような暴挙はナチスも日本の軍国主義もやらなかった。わたしは君たちを憎みはしない、ただ軽蔑するだけだ〉といったことを口走った。学生たちは〈われわれはあんたのような教授を追い出すためにきたのだ〉とこたえた」

法学部研究室を封鎖した私たち法闘委は〝『純粋主義』の学生の末裔たち〟にされてしまったが、ここは黙って聞いていよう。

ただ、吉本が、毎日ナチ発言報道の「軍国主義者もしなかった。ナチもしなかった」という順番を、「ナチスも日本の軍国主義もやらなかった」と逆の順番にしたことには留意を要する。なぜなら、その後、丸山発言に触れる議論のほとんどは、吉本の順番にしたがって、丸山発言の内容を「ナチも軍国主義もしなかった」としているからである。それほどに、丸山ナチ発言について、この吉本論稿の影響は大きかったし、さらにいえば、その後の議論のほとんどは、毎日ナチ発言報道ではなく、この吉本論稿を出発点にしているのではないか。

続いて、吉本は丸山批判を開始する。

「そこでこんどは、三年まえに、丸山真男によって、俺は一流大学を出て本来は大学教授（？）とか、もっと『プレステイジ』のある地位につく能力をもちながら、『しがない』『評論家』になっているという『自信』と『自己軽蔑』のいりまじった心理から『純粋主義』に走ったと失笑に価する言葉で勘ぐられたものが、口を開く番である」

〝失笑に値する言葉で勘ぐられた〟という、たぶん心穏やかでない吉本の丸山攻撃は強烈で迫力十分だ。しかし、ここですべてを紹介するわけにはいかない。問題の法学部研究室封鎖のときの毎日ナチ発言報道に関する部分はこうである。

「丸山真男は『街頭』や『集会』や大学構内で、『すぐ肉体的に激突するような傾向』が、けっして『純粋主義』や『しがない』『評論家』の特性ではなく、人間の社会的な存在の仕方が、ある局面で強いられる本来的な行動様式のひとつであることを、こんどはかれ自身の行為によって身をもって立証したのだ」

次が、丸山批判の核心である。

「しかし丸山は『肉体的に激突』した瞬間にも、しがない評論家とちがって、『大学教授』が社会的に『プレステイジ』のある地位だという無意識の錯覚から自由ではなかった。そうでなければ、たかがじぶんの研究室にじぶんの大学の学生たちから踏みこまれたくらいで、このような暴挙はナチスも軍国主義もしなかった、などと大げさなせりふを口走れるはずがない」

〝ナチスも軍国主義もしなかった〟と丸山が発言したかどうか疑わしいと私は思うのだが、吉本は丸山がそう発言したことを前提に、その発言が丸山の東大教授の特権意識の現われであると批判した。

吉本は、さらに、法学部研究室の封鎖解除時における丸山発言をとりあげ、容赦なく批判する。丸山が荒らされた自分の研究室を見たときに、

「これを文化の破壊といわずして、何を文化の破壊というのだろうか」

と言ったことに対して、

「これらの教授、研究者たちは、自己の責任（学生たちを統御できないというだけでも、それ自体でかれらの責任と大学知識人失格の根拠は問われ得るのだ）についての内省力の無さと、大げさな身振りや思い入れで学問研究者のポーズをとっていることでは、共通している。君たちの公表された研究業績のどれがこのような思い入れに価するのかなどとはいうまい。じぶんの個人的な研究室をそれ自体としては不作為な類災として荒らされたくらいで、『文化の破壊』などとはふざけたせりふである」と攻撃した。

ここで、吉本が「これらの」と言ったのは、丸山と並べて、マイクロ・フィルムの損失を嘆く篠原一教授について書いていているからである。

吉本の結びは丸山に対する呼びかけだ。

「加藤一郎らを先頭とする大学教授、研究者たちはこの方法（筆者注：特権性を自覚し学生たちと共通の基盤に立って紛争を解決すること）をえらばず、大学そのものを政治的国家の貧弱な、だが本質的な武装力の制圧にゆだねたのである。大学構内に保護されたまま戦後二十数年をジャーナリズムで囀ってきた心情のスターリン主義者、心情の市民民主主義者はこの法的プラグマティズムの支配下でいま何処にいるのだ？『わたしは君たちを憎みはしない。ただ軽蔑するだけだ。』そして君たちに知的な能力があるならば、いままでもそうしてきたようにこれからも君たちとたたかうことを約束しよう」

丸山に対する、挑発といってもいい、吉本の論稿であった。

安田講堂攻防戦のあと、全共闘の攻撃の矛先が丸山に向かったのは、この論稿が大きな要因になったであろう。早速、二月一九日の全共闘系『闘争連合』のビラに、吉本の『収拾の論理と思想の論理』というタイトルを模した「収拾の論理」と「革命の論理」という用語が使われた。※5 続く二月二四日には、本郷キャンパスのイチョウ並木に、丸山を筆頭とする〝進歩的教官〟

を弾劾するタテカンが出され、丸山は〝人民裁判〟にかけられることになる。

三　講義再開阻止闘争――人民裁判

〝人民裁判〟の経緯は丸山自身が『春曙帖』に詳しく書いている。[※6] 以下は、その部分の『対話』からの引用である。

先ず、丸山が拉致連行される状況である。

「私は今日は不用意だった。私を筆頭とする『進歩的教官』を弾劾する立看板が正門を入ったところに昼頃から出ていたことに気付かなかった。私は、いつものように、銀杏並木道を通って、小アーケードに近づいたときに、右手に一団となってかたまっていた学生が、『それ来たぞ』という叫びとともに、私をとりかこんだ。先頭には□□君がいた。私は『ともかく教室の中で話そう』と彼にいったが、周囲の学生からいきなり両腕をとられて、そのまま反対側の法文二号館の方にひきたてられて行った。私は拒否の意思を示すために、すこしばかりもがいたが、実はすでに拉致されることを観念していた。一人ずつしか通れないような厳重なバリケードの階段をのぼって、階段教室に連れこまれ、講壇の机の右下に坐らされた」

続いて、言葉による苦痛の場面である。

「私の眼前に座を占めているのは、あとできくと、文学部の院生が多かったようだが、もっともひどい言葉をつかったのはこの連中である。たとえば『そろそろなぐっちゃおうか』『ヘン、ベートーヴェンなんかききながら、学問をしやがって！』等々」

さらに、騒音による苦痛の場面である。

「私は精神的にそれほどまいっていたつもりはないが、ただ、つきつけられるマイクの声があまりに耳に近く喧騒なので、頭を左に傾けたり、両手で頭をかかえてかがみ込んだりした。法闘委の□□君は、左側から、『もっとマイクを離せよ』と注意していた」

ここの法闘委の□□君が中野ということは前に書いた。

そして、丸山は、ようやく〝釈放〟された。

「午後五時をやや回ったところで、□□君が、『今後丸山教授の授業をフンサイし、教授を見つけ次第、構内どこでも彼を追及する』ということを宣言して閉会した」

〝釈放〟の経緯について、丸山が翌二月二五日に加藤一郎総長代行に宛てた書簡[※7]には、こう書いてある。

「おききかと思いますが、全共闘はもっと追及をつづけたかったのを、法闘委が、五時に終らせる、ということで頑張ったようです」

丸山は、このあと数回の講義を試みるが、体調を崩し、三月一〇日頃、日赤武蔵野病院に入院した。七一年三月、定年を前に東大教授を退官し、その後も東大闘争に関して発言することなく、九六年八月一五日、八二歳で没した。

四　四面楚歌の丸山教授

作家庄司薫は、六九年一一月発行『さよなら怪傑黒頭巾』[※8]の中で、主人公にこう語らせた。文中の「大山先生」が丸山であることは話の展開からすぐにわかるようになっている。

「大山先生というのは確か今度の大学紛争でえらく奮戦してぶっ倒れたかなにかしたのだ。右からも左からもコテンパンに悪口を言われて、足ひっぱられたりして。まあ、変な言い方だが、ほんとうに大変な世の中だ。きのうのクラス会で誰かが言っていたけれど、上に立ったらゲバられる、とにかく目立てばゲバられる……。」

庄司薫は、後に述べるように、丸山を囲む「'60の会」のメンバーだが、そのことを差し引いてみても、庄司が言うように当時の丸山バッシングは激しかった。

(1)　三島由紀夫と東大全共闘

『収拾の論理と思想の論理』を書いた吉本隆明を左とすれば、右には三島由紀夫がいる。三

島は、六九年六月、『若きサムライのために』[※9]のあとがきに、

「東大問題は、戦後二十年の日本知識人の虚栄に充ちたふしだらで怠惰な精神に、結着をつけた出来事だ、といふのが私の考へである」

と書いた。ここでいう「戦後二十年の日本知識人」が誰であるかは明らかであろう。

三島は、その前月の五月、東大駒場で行われた東大全共闘との討論会でも同様の発言をしている。[※10]三島は、そこで、

「ある日本の大正教養主義からきた知識人の自惚れというものの鼻を叩き割ったという（東大全共闘の）功績は絶対に認めます」

と発言し、これに対し、東大全共闘Aは、

「三島さんの戦後知識人に対する批判というものはぼくは実に当っていると思います。なぜかといえば、現実に自己の存在する空間、それはたとえばぼくらが丸山真男の弾劾運動をやった時に、これはナチのファシズムでもやらなかったと言った。あたりまえの話です。東大法学部というものが、戦時中の軍部なり官僚なりに対してどのような役割を果したか。それはまさに官僚の補給所としての役割を持ち、ファシズム、またその荷い手として東大法学部があったからこそ、別にそれは法学部をファシズムが、軍部がつぶそうなんてことをやらなかっただけ

の話で、そういう面に対する三島さんの批判は実に当っていると思います」と応じる。

双方の議論がかみ合っているかどうかは別として、丸山批判という点では一致した。ここで、東大全共闘Ａは、

「ぼくらが丸山真男の弾劾運動をやった時に、これはナチのファシズムでもやらなかったと言った」

と発言し、これがあたかも体験的な事実であるかのように語っているが、はたしてどうだろうか。

⑵　二〇年後も四面楚歌

千葉大学教授加藤尚武は『諸君！』八六年一二月号に『堕ちた偶像丸山真男』と題する論稿を寄せた。その中で、六九年二月二四日の丸山〝人民裁判〟の様子を以下のように書いている。当時、東大文学部哲学科助手であった加藤は学生運動の先輩Ｌに誘われて〝人民裁判〟の現場、文学部教室に臨んだという。

「丸山は歯を食いしばるようにして『私は諸君を軽蔑する』と吐き出したなり、なおも沈黙を続けたが、その間『殴ってしまえ』というＬのヤジは効果的に鳴り響いた。丸山の顔が歪ん

だ。恐怖に対して軽蔑による自負でおのれを取り戻そうとするのだが、顔面の筋肉は軽蔑の微笑に達するよりも前に、恐怖にずり落ちてしまう。軽蔑を取り戻す努力をいつまでもやめないために、彼の顔は果てしなく、果てしなく醜く歪んでいった」

また、元警察官僚佐々淳行は、九二年、『文藝春秋』五〜一〇月号に「安田講堂攻防七十二時間の記録『東大の一番長い日』」を連載した。安田講堂攻防戦の警備側責任者の手による、歴史も長く発行部数も多い『文藝春秋』での連載は多くの読者の目に触れたであろう。『佐々』はいう。[※11]

「国立T大学のM教授が法学研究室を封鎖しにきた反代々木系の学生たちに首根っこをつかまれて引きまわされた。二十年間この世で一番悪いのはファッショと軍部だといい続けてきたM教授は、『ファッショや軍部よりも悪い奴がいた』と激怒して、一転して機動隊導入賛成の急先鋒になった……という話は当時公知の事実だった。この類の、大学当局がいかにダメだったかというエピソードは数え切れないほどある」

こうして丸山バッシングは東大闘争から二〇年経っても続いた。

(3)　ナチ発言、神話になる

丸山ナチ発言は、九六年八月一五日の丸山没後、書き手の立場を越えて神話のように語られ始めた。

朝日新聞は九六年年八月一九日の丸山追悼記事の中で、「（丸山は）六八年十二月、全共闘運動の渦中に、東大法学部研究室が封鎖された時、学生らに、ナチも軍国主義者もしなかった『暴挙だ』と抗議した、と伝えられた」と書いている。そう伝えられる元になったのはライバル紙の毎日新聞の報道で、自社の朝日新聞が報じたことではない。丸山ナチ発言は、もはや、個々の新聞社の狭い垣根を越えた伝説となって広がっていた。そして、朝日が書いた「ナチも軍国主義もしなかった」という発言の順番は、毎日ナチ発言報道のそれでなく、吉本論稿の順番であって、伝説が、正確にいえば、毎日ナチ発言報道を引用した吉本論稿から始まったことを示唆している。

東大闘争当時、全共闘の助手共闘会議の重鎮であった最首悟も、九六年一二月、丸山追悼文の中で書いた。[※12]

「丸山真男が全共闘運動の最中に東大全共闘を『ナチも軍国主義もやらなかった』暴挙を行ったといって非難した。丸山研究室が荒らされたことに対するコメントとして彼が語ったこの発言が新聞にスクープされ、吉本隆明もそれについて発言したものだが、この一件について記憶しているひとの数はいまでは少なくなってしまったかも知れない。……丸山真男といえば、ナチスとか軍国主義は彼の専門で、その専門の対象と全共闘を比較して『ナチも軍国主義もやらなかったことを全共闘はやったのだ』というのだから、これは、単に彼の研究室が全共闘に荒らされ、それへの怒りからする発言として考えるわけにはいかないという感じがまずする」

丸山のナチ発言が「新聞にスクープされ」たのは、丸山研究室が荒らされたときではなく、法学部研究室が封鎖されたときだから、最首の記憶は間違いだ。そして、最首も「ナチも軍国主義もしなかった」という吉本論稿の順によって丸山のナチ発言があったとして、これを論じた。

当時法学部の助手で後に東京都立大を経て国学院大教授になった水谷三公は二〇〇四年の著作『丸山真男――ある時代の肖像』の中で書いた。[※13]

「法学部研究棟が『外人部隊』である他大学中心の三派全共闘系学生に占拠された際、『ナチも軍国主義者もやらなかった暴挙だ』と丸山先生が憤激された話は有名である」

法学部研究棟（法学部研究室）を三派全共闘系学生が占拠したのは六九年一月一五日であり、丸山が『軍国主義者もしなかった。ナチもしなかった。そんな暴挙だ』と言ったと毎日新聞が報じたのは、六八年一二月二三日の法闘委による占拠の際だから、水谷の記憶も間違いだ。しかし、丸山ナチ発言があったとすること、そしてナチと軍国主義の順番が吉本論稿に倣うことは最首と同じだ。

当時教養学部の学生で後に評論家になった小阪修平は二〇〇六年の著作『思想としての全共闘世代』の中で書いた。※11

「戦後民主主義を代表する政治学者丸山眞男の研究室を全共闘が封鎖した時、丸山眞男がこんな暴挙はナチスもやらなかったと言ったのは有名な話だ。ぼくたちは、その話を戦後民主主義の知識人は、いざ問題が自分におよんでくるとうろたえるという話として受け取った」

小坂の場合、毎日報道の丸山ナチ発言を研究室封鎖のときとする点で誤りはない。しかし、ナチ発言があったことを所与の事実とする点では最首や水谷と変わらない。

どれも、丸山が「ナチもしなかった」と言ったとすることでは共通し、しかし、具体的事実になると帰一するところがない。丸山ナチ発言が神話と言えるゆえんである。

注記

※１　東京大学百年史編集委員会『東京大学百年史　部局史一』（東大出版会、一九八六年）三〇八頁
※２『佐々』一八四頁
※３『文芸』（河出書房新社、一九六九年三月）二〇二―二一一頁

※４　梅本克己・佐藤昇・丸山眞男『現代日本の革新思想』（河出書房新社、一九六六年）一九七頁
※５　闘争者連合「大学を治外法権の場＝理性の府にせよ！」（68.69を記録する会『東大闘争資料集No.10ビラ69年２月』、一九九二年）三六三頁
※６　『春曙帖』七四―七七。『対話』一三三―一三五頁
※７　丸山眞男『丸山眞男書簡集１』（みすず書房、二〇〇三年）一七一―一八〇
※８　庄司薫『さよなら怪傑黒頭巾』（中央公論社、一九六九年）七四頁。中公文庫に二〇〇二年再録。
※９　三島由紀夫『若きサムライのために』日本教文社、一九六九年
※10　三島由紀夫・東大全共闘『美と共同体と東大闘争』（角川文庫、二〇〇〇年）一四、二〇頁。一九六九年六月に新潮社より刊行された『討論三島由紀夫vs.東大全共闘――美と共同体と東大闘争』（著者＝三島由紀夫・東大全学共闘会議駒場共闘焚祭委員会（代表木村修））を文庫化したもの、と巻末にある。
※11　『佐々』一三七頁。連載した『文藝春秋』（一九九二年六月号）四〇七頁の記述もほとんど変わらない。
※12　最首悟「『筒』の思想」（『情況、第二期』第八巻第一号、情況出版、一九九七年一月）五八―七一頁
※13　水谷三公『丸山真男――ある時代の肖像』（ちくま新書、二〇〇四年）三〇頁
※14　小阪修平『思想としての全共闘世代』（ちくま新書、二〇〇六年）一〇七頁

第二章　丸山教授の冤罪序説

一　悪魔の証明

「ない」ことを証明するのは難しい。「日本に白いカラスがいる」ことを証明するためには、日本にいる白いカラスを一羽でも捕まえればよい。ところが、「日本に白いカラスがいない」ことを証明するためには、日本にいるカラスをすべて捕まえて、それが白くないことを証明しなければならない。カラスをすべて捕まえることは、絶対的に不可能ではないとしても、事実上はほとんど不可能である。だから、「ない」ことを証明することは「悪魔の証明」といわれる。

丸山のナチ発言についても同じようなことがいえる。丸山が「『ナチもしなかった』と言った」ことを証明するためには、言ったことの証拠が一つでもあればよい。たとえば、「『ナチもしなかった』と言った」と、丸山が書いたり話したりした証拠とか、事情をよく知る人の信用できる証言である。しかし「『ナチもしなかった』と言わなかった」ことを証明するためには、そうはいかない。その発言の存否について、丸山が書いたり話したりしたことはもちろん、事情をよく知る人々から状況を聴くなど、関係しそうな証拠をすべて調べ上げて、「丸山が『ナチもしなかった』と言った」ことがないことを証明しなければならない。

この気の遠くなるような「悪魔の証明」に挑戦したと言ってもいい研究者がいる。政治思想史の視点から丸山ナチ発言の存否を研究している九州大学教授清水靖久である。その論稿『丸山眞男の秩序構想』[※1]に研究経過が書かれている。およそ入手可能な丸山関連の文献資料のほぼすべてにあたり、面会可能な関係者には直接会って当時の状況を聴いた。その中には、問題の毎日ナチ発言報道を書いた記者（本書に屡々登場する内藤國夫ではない）や、丸山とともに法学部研究室の封鎖阻止ラインに並んだ佐々木武（当時政治学博士課程、後に東京医科歯科大学教授）も含まれる。

こうして私が本書の第二部を書く気になったのは、結論は異にしたが、清水の精緻な研究に負うところが大きい。なぜなら、その研究によって、丸山が「『ナチもしなかった』と言った」ことを裏付ける証拠の実質的な出所は毎日ナチ発言報道のほかにはないということが、ほぼ判明したからである。

そして、毎日ナチ発言報道には、はいそうですかと、それをそのまま信じるわけにはいかない奇妙なことがある。

二　毎日ナチ発言報道の不審

「丸山教授の発言」

法学部研究室封鎖
共闘会議派

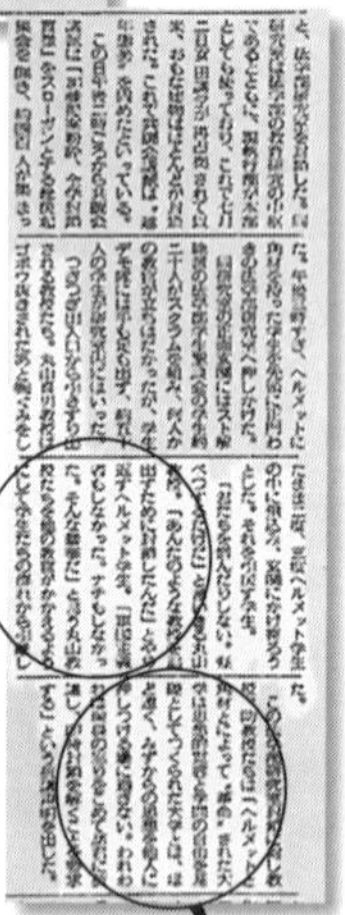

—毎日—
「軍国主義者もしなかった。ナチもしなかった。そんな暴挙だ」

※次ページ（上）
「抗議声明」

研究室も封鎖される
武装学生　教官らけ散らす
東大法学部

—サンケイ—
「君らはファシストと同じだ」

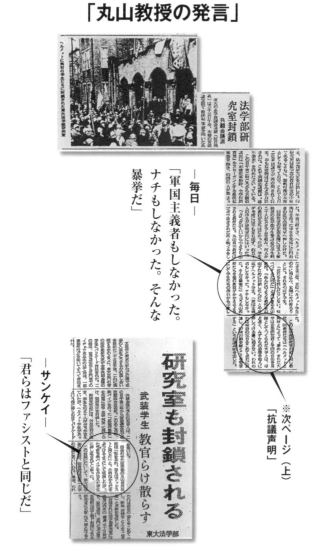

「抗議声明」

―毎日―

「ヘルメットと角材とによって〝革命〟された大学は思想的寛容と学問の自由を基礎としてつくられた大学とは、ほど遠く、みずからの思想を他人に押しつける場に過ぎない。われわれは満身の怒りをこめて諸君に抗議し、即時封鎖を解くことを要求する」

北海道新聞　昭和4

研究室（法学部）を封鎖

共闘派学生　抵抗なんなく排除

ファシスト以上の暴挙

教授会が声明

―北海道新聞―

「研究の自由を奪い、ヘルメットと角材によって〝革命〟された大学は、思想的寛容と学問の自由を基礎として作られる大学とはほど遠く、みずからの思想を他人に押しつけようとする場にすぎない。われわれの教育と研究が戦時中、軍部ファシストの攻撃にさらされたときですら、研究室封鎖のごとき暴挙はかれらといえどもあえてしなかった。われわれは満身の怒りをこめて抗議し、即時封鎖を解くよう要求する」

問題の毎日ナチ発言報道を再掲しよう。

「『軍国主義者もしなかった。ナチもしなかった。そんな暴挙だ』と言う丸山教授たちを他の教官がかかえるようにして学生たちの群れから引離した」

しかし、その場には他紙の記者も大勢いた。サンケイ新聞六八年一二月二四日朝刊は、この場面を次のとおり報じている。

「居合わせた法学部の丸山眞男教授は『恥を知れ。君らはファシストと同じだ』と、小柄なからだをぶつけるようにして抗議したが、たちまち鉄パイプをかまえた学生に押し返されてしまった」

毎日ナチ発言報道と同じ場面で、サンケイ新聞は丸山が〝ファシスト〟という言葉を使ったことを報じた。

また、丸山とともに封鎖阻止ラインに立っていた佐々木武は、二八年後だが、丸山の追悼文の中で以下のとおり書いている。[※2]

「その時すぐ右側で丸山先生が学生の集団と向き合って、『ファシストもやらなかったことを、やるのか』と怒りをぶっつけられる声が聞こえた」

佐々木も同じ場面で、サンケイ新聞と同じように、丸山が〝ファシスト〟という言葉を使ったことを書いた。

このように、丸山が「ナチもしなかった」と言ったとする毎日ナチ発言報道は、サンケイ新聞報道や佐々木追悼文が共通に用いた〝ファシスト〟という言葉と異なって、ひとり、〝ナチ〟という言葉を用いている。

さらに、毎日ナチ発言報道が奇異なことは、法学部研究室の封鎖直後、法学部教授らが出した抗議声明の記述である。毎日ナチ発言報道は、丸山発言に続いて、抗議声明を以下のとおり書いている。

「ヘルメットと角材とによって〝革命〟された大学は思想的寛容と学問の自由を基礎としてつくられた大学とはほど遠く、みずからの思想を他人に押しつける場に過ぎない。われわれは満身の怒りをこめて諸君に抗議し、即時封鎖を解くことを要求する」

ところが、同じ抗議声明について、北海道新聞は次のとおり書いている。[※3]

「研究の自由を奪い、ヘルメットと角材によって〝革命〟された大学は、思想的寛容と学問の自由を基礎として作られる大学とはほど遠く、みずからの思想を他人に押しつようとする場にすぎない。**われわれの教育と研究が戦時中、軍部ファシストの攻撃にさらされたときですら、研究室封鎖のごとき暴挙はかれらといえどもあえてしなかった。**われわれは満身の怒りをこめて抗議し、即時封鎖を解くよう要求する（ゴチック表示は筆者による）」

毎日ナチ発言報道が書かなかったゴチック部分の記述が北海道新聞にはある。また、同旨の記述は読売新聞の記事の中にもある。[※4]この部分は抗議声明が法学部研究室の歴史的な意義を説く重要な部分であるといっていい。それにもかかわらず、毎日ナチ発言報道はこの部分を削除した。

何故、削除したのか。削除部分と丸山ナチ発言を並べて比較してみよう。

・削除部分「軍部ファシストの攻撃にさらされたときですら、研究室封鎖のごとき暴挙はかれらといえどもあえてしなかった」

・ナチ発言「軍国主義者もしなかった。ナチもしなかった。そんな暴挙だ」

削除部分の「軍部ファシスト」を「軍部」と「ファシスト」に分け、「軍部」を「軍国主義者」に、「ファシスト」を「ナチ」に、そして、「研究室封鎖のごとき暴挙」を「そんな暴挙」に、それぞれ言い換えれば、丸山ナチ発言になる。毎日ナチ発言報道は抗議声明からゴチック部分を削除して、それを丸山ナチ発言に流用したのではないか。逆にいえば、丸山ナチ発言に流用したからゴチック部分を削除したのではないか。それ以外にゴチック部分を削除した理由があるだろうか。

さらに加えて、毎日ナチ発言報道は、流用したときに、「ファシスト」を「ナチ」とする間違いを犯したのではないか。抗議声明にある「ファシスト」は〝われわれの教育と研究が戦時中、攻撃にさらされた〟「ファシスト」だから、文理上、日本の「ファシスト」を意味することが明らかだ。抗議声明は、その「ファシスト」でさえ、法学部研究室を封鎖しなかったと言っている。同じ「ファシスト」でも、ヨーロッパで大規模な残虐行為を繰り返したナチのことなど、まったく想定していない。

毎日ナチ発言報道の信用性について、丸山をナチ発言の被告人に見立ててまとめてみると次のようになるだろう。

「法学部闘争委員会が一九六八年一二月二三日に法学部研究室を封鎖したとき、被告人が「『ナチもしなかった』と言った」とする検察官の主張に副う唯一の証拠というべき毎日ナチ発言報道は、被告人が「『君らはファシストと同じだ』と言った」とするサンケイ新聞報道及び「『ファシストもやらなかったことを、やるのか』と言った」とする佐々木追悼文に反するだけでなく、封鎖直後に出された法学部教授らの抗議声明の中の、『われわれの教育と研究が戦時中、軍部ファシストの攻撃にさらされたときですら、研究室封鎖のごとき暴挙はかれらといえどもあえてしなかった』という核心的な部分を合理的な理由もなく削除するなど、著しく不自然であって、その信用性には重大な疑問があるというべきである」

それにしても、丸山は、あの日、あの時、何のために法闘委の前に立ったのだろう。

注記

※１　清水靖久「丸山眞男の秩序構想」（政治思想学会編『政治空間の変容』政治思想研究第九号、風行社、二〇〇九年五月）九四—一一九頁

※２　前掲佐々木

※３　北海道新聞一九六八年一二月二四日朝刊

※４　読売新聞一九六八年一二月二四日朝刊に「研究と教育が軍部ファシストの攻撃にさらされたときですら、かれらといえども封鎖はしなかった」とある。

第三章　法学部研究室の封鎖——丸山教授の論理と心理

丸山は法学部研究室の封鎖があった一九六八年の暮れ、「『東大』と私——一つの回顧——」と題して『春曙帖』に書いている。[※1] 法学部研究室は戦時中の丸山にとって〝国内亡命〟の場であったという。

「私個人にたいする特高・憲兵の監視、さらに、原理日本社同人の毎号のような法学部への攻撃、日比谷公会堂において主催された『東京帝大法経学部撲滅国民大会』、最後に、憲兵隊の尋問を通じて知らされ、これほどまでと思わなかった東大法学部への『当局』の嫌疑——そうしたもろもろの契機は、私に東大法学部研究室を、闇一色にぬりつぶされた日本のなかにともっている蛍のようなかすかな光のように映じさせたことも事実である」「東大法学部の研究室は——日本帝国主義のもっとも正統的な高等教育機関といわれた東大法学部の研究室（！）は今から考えても、別世界のようにリベラルであったし、私はこの僅かに残されたリベラルな空気を酸素吸入器をあてられたようにむさぼり吸いながら戦時をすごしたのである」

法学部研究室は、丸山にとって、封鎖直後の抗議声明にある「われわれの教育と研究が戦時中、軍部ファシストの攻撃にさらされたときですら、研究室封鎖のごとき暴挙はかれらといえどもあえてしなかった」、そういう存在だったのである。

そして、封鎖にあたっては、法学部当局と全共闘との間に協定が交わされた（第一部第二章四「法学部研究室の無血開城」）。再説すると、
(1) 法学部研究室の建物に入るのは法闘委に限る。入るときは当局が顔を知る大学院生を先頭にする。
(2) 教授室、書庫には立ち入らない。研究資料には手を付けない。
この協定は秘密にされていたわけではない。法闘委リーダー格の宮木や私が知っていたことは第一部で述べた。もちろん、法学部当局は協定の一方当事者であるから、協定の内容を知っていた。弘報はこう書いている。※2
「（封鎖にきた法闘委に対し、）研究室主任及び副主任はこれに抗議したが、かねての打ち合わせに従って敢えて実力でこれを阻止することは避け、封鎖学生の代表者に対し、書庫への立ち入りは絶対にしないこと、また個室への立入りも絶対にしないことを要求し、これを確約させた」
ここで、抗議した「研究室主任」とは、第一部で書いた、封鎖のときに法闘委とゲバ棒による〝剣舞〟を演じた金沢良雄教授である。そのこと自体、抗議が形式的なものであったことを

示しているが、実力阻止を避けることは研究室主任と副主任だけで決めたことではないだろう。法学部研究室の封鎖は法学部教官の教育研究の全般に影響が及ぶ。だから、弘報のいう、封鎖を実力で阻止することを避ける「かねての打ち合わせ」は、法学部の教官全体で行われたとみるのが自然だ。

マスコミも協定の存在を知っていた。日経新聞[※3]は、

「封鎖は前日からうわさされていたので、教官たちは朝のうちに重要な書類を持ち出していた」

と報じ、毎日新聞[※4]は、

「全学共闘会議派の東大生が封鎖したときには、大学当局と話合いがついており、個人の研究室や貴重な書類には手をつけないことになっていた」

とまで書いて、協定があったことを報じている。

このように、封鎖は本物の実力行使によるものではなく、また、その阻止行動も本物ではなく形式的なものであった。そしてそのことは、みんなが知っていた。すべて〝形式〟であるから、佐々木が追悼文[※5]で書いたように、学生の角材を素手で受け止めた金沢の所作が「芝居の立廻りの型のようで、ピタッときまっていた」のは当然のことなのである。

丸山が、ひとり、協定の存在について知らないで蚊帳の外にいたとは考えられない。金沢の〝剣舞〟まで事前に知っていたかはともかく、封鎖側も阻止側も互いに実力行使をしないことにしていたことや、封鎖の先頭集団が法闘委であることは、間違いなく知っていただろう。

封鎖側の先頭集団が法闘委であることは、丸山にとって二つの意味があったと思われる。一つは、自分の属する法学部の学生たちであるから、法学部研究室の歴史的な意義を教えなければならないという、教育者としての使命感。一つは、法闘委なら間違っても自分をぶん殴ったりしないだろうという、〝共演者〟としての安心感である。

丸山は、『春曙帖』の中で、「東大紛争についての感想の項目」と題し、その一つ、「権威と自由」について書いている。[※6]

「権威の承認は人間に特有な現象である。動物は権威への服従をしらない。ただ物理的な力関係を知るだけである」「人間社会においても、見えざる権威――神の権威、真理・正義の権威、天・道理の権威――による内面的拘束が弛緩する程度に応じて、事実上の見える権威――感覚的に蝕知できる権威による拘束が増大する」「政治権力だけでなく、経済的な利益、世間の思わく、『世界の大勢』、集団的雰囲気等々からの自立は、見えざる絶対的権威の承認なしにはおぼつかない」

そして、人間に特有な現象であるとする「権威の承認」に次の注を記している。※7

「千万人といえども我往かん」「私はここに立っている」

続けて、丸山は、あの有名な、諸葛亮孔明の「前出師表」を記した。丸山は返り点交じりの漢文で書いているが、以下はその書き下しである。文中の「……」は丸山自身の手による。

「臣は本と布衣、南陽に躬耕し、苟も性命を乱世に全うせんとし、聞達を諸侯に求めず。先帝、臣の卑鄙なるを以てせず、猥りに自ら枉屈し、三たび臣を草廬の中に顧みて、臣に諮るに当世の事を以てす。是に由りて感激し、遂に先帝に許すに駆馳を以てす。後に傾覆に値い、任を敗軍の際に受けて、命を危難の間に奉ぜり。爾来二十有一年なり。先帝、臣の謹慎なるを知りて、故に崩ずるに臨みて臣に寄するに大事を以てす。命を受けて以来、夙夜に憂歎し、付託の效あらずして、以て先帝の明を傷つくるを恐れ……

庶はくは駑鈍を竭し、姦凶を攘除し、漢室を興復し、旧都を還さん。此れ臣の先帝に報じて、陛下に忠なる所以の職分なり。

……臣、恩を受くるの感激に勝えず。今、遠く離るるに当たりて、表に臨みて涕泣し、云う所を知らず」

丸山の三国志の心象風景を法学部研究室の封鎖に重ねてみよう。法学部研究室は権威の象徴、すなわち〝漢室〟。封鎖阻止線は蜀軍が布陣する〝五丈原〟。丸山は、もちろん、蜀軍を率いる〝諸葛亮孔明〟その人。丸山の横に並ぶ法学部の教職員・学生らは弱小の〝蜀軍〟。法学部研究室に押し寄せる我が法闘委は、遺憾ながら、〝魏の大軍〟ということになる。

丸山孔明は法学部研究室の前で両手を小脇に抱えて法闘委こと〝魏の大軍〟に突撃した。しかし、新聞各紙が報じたように、あっさり排除されてしまった。丸山孔明は、そのとき、ふと思ったのではないか。武勇の誉れ高い関羽や張飛ならともかく、知謀の孔明が、単騎、魏の大軍に突撃するのは、いかがなものか。参加者には、今一つ、わかりにくかったのではないか。そう感じた丸山は横に立っていた佐々木に尋ねた。

「佐々木君、僕がなぜこうしているかわかりますか。手を出すかわからないのでそうしない様にこうしているのです」

尋ねられた佐々木とすれば、腕組みをした丸山の〝突撃〟を〝先生、今一つです〟と言うわけにはいかない。かといって〝先生、あっぱれです〟とも言えない。それで述懐するのだろう。

「僕はどう応えていいかわからず、黙ったままだった」

佐々木が書いたこのエピソードは[※8]、丸山の〝突撃〟が、演出効果はともかく、計算されたうえでの行動であったことを示している。

丸山にとって、法学部研究室の封鎖は、ある天気晴朗な日に突然起こった椿事ではない。だから、丸山が「ナチもしなかった」などと、封鎖とは何の脈絡もない、吉本隆明の言葉を借りれば、「大げさなせりふ」を言うはずがないだろう。

法学部研究室封鎖にあたって推測される丸山の論理や心理、そして前章でみた毎日ナチ発言報道の危うさからすると、丸山は「ナチもしなかった」とは言わなかった、といってもよさそうである。

けれども、それで終わらないのが〝丸山教授の遭難〟事件の難しいところである。もし、丸山が「ナチもしなかった」と言わなかったのであれば、何故、丸山は、「『ナチもしなかった』とは言わなかったし、また、言うはずもない」と反論しないのだろうか。そして、丸山の周囲には発信力のある人たちが少なからずいるであろうに、その誰一人として、反論しないのは何故だろうか。次章以下、その疑問について考えてみよう。

注記

※１『春曙帖』一二三―一二四。『対話』一七六―一七八頁
※２『弘報』一六三頁
※３日経新聞一九六八年一二月二四日朝刊
※４毎日新聞一九六九年一月一九日朝刊
※５前掲佐々木
※６『春曙帖』一四〇、一六〇。『対話』一三九頁以下。
※７『対話』の編集者は、『春曙帖』の注記は「見えざる権威」に付されたとするが、注記の位置及び意味から、本文のように解するべきだろう。
※８前掲佐々木

第四章　丸山教授の沈黙

丸山が、毎日ナチ発言報道や、これを引用した吉本の批判に対して沈黙を守ったのは何故だろうか。

東大法学部のときに丸山の学生で、また信頼できる友人でもあると丸山がいう安藤仁兵衛[※1]は、一九九六年のテレビ放送で、丸山の沈黙の理由について次のように語っている。[※2]

ナレーション「一九六〇年代末に起きた東大紛争。丸山眞男、沈黙の時代が始まりました。戦後日本のすべての権威と制度を否定する全共闘にとって、東大法学部教授丸山眞男は格好の標的でした。西欧主義者。近代主義者。大学紛争後も続く批判に対し、丸山は沈黙で答えました。当時、雑誌『現代の理論』の編集長だった安藤仁兵衛さんは丸山眞男に反論を執筆するように何度も依頼しました」

安藤「(丸山先生は)『自分はもう余生を計算している』と仰った。『日本政治思想史研究を、最大限、全力をあげてそれだけをやる』ということを仰った。『それ以上なおかつ、マスコミ、ジャーナリズムに、なお発言せよと言うならば、いかに親しい安藤くんといえども交わりを断たざるを得ん』と仰いました」

「なお発言せよと言うならば、いかに親しい安藤くんといえども交わりを断たざるを得ん」とは、いかにも、沈黙を守る決意の強固さを感じさせる丸山らしい言い方である。

だが、日本政治思想史の研究に専念することが沈黙の理由のすべてであったろうか。

丸山は六八年に公表された座談の中で、林房雄と三島由紀夫による丸山批判に対し、それが反論に値しないとしたうえで、こう語った。※3

「（丸山批判を）黙殺するのはよくないというのだったら、私は『黙殺する』ということを公言するだけのことです。つまり事実上黙殺するだけじゃなくて、軽蔑をもって黙殺すると公言します」

丸山は外部からの批判に対し沈黙を守る。しかし、それは単なる沈黙ではなく、軽蔑をもってする〝黙殺〟である。毎日ナチ発言報道をもとにした吉本の批判に対する丸山の沈黙は、この、軽蔑をもってする〝黙殺〟だったのではないか。

そして、丸山は吉本の批判を「軽蔑をもって黙殺する」と周囲に公言していたのではないか。だから、周囲も丸山に倣って沈黙を守ったのではないか。丸山が〝黙殺〟しているのに、周囲が勝手に喋るわけにはいかない。「丸山先生は『ナチもしなかった』と言わなかったし、言うわけもない」と書いたり言ったりすれば、丸山による〝黙殺〟の効果はなくなる。かえって丸山を背中から撃つことになり、敵に塩を送ることになるだろう。

丸山のことだから、親しい者には、もっと強いことを言ったかもしれない。

「毎日ナチ発言報道を引いた吉本隆明からの批判について、何か云々することがあれば、いかに親しい君といえども交わりを断たざるを得ん」と。

注記

※１　丸山眞男「私にとっての安藤仁兵衛くん」（丸山眞男手帖の会編『丸山眞男話文集４』みすず書房、二〇〇九年）四三〇頁
※２　ＮＨＫ「ＥＴＶ特集『丸山眞男と戦後日本』第二回」一九九六年一一月一九日放送
※３　文学的立場編『共同討議　対決の思想』勁草書房、一九六八年。丸山眞男『丸山真男座談　第七冊』（岩波書店、一九九八年）二九五頁以下に収録

第五章　黙る内藤、喋る庄司

一　丸山教授を囲む「'60の会」

丸山を囲む「'60の会」という集まりがある。六〇年安保闘争のときに丸山の東洋政治思想史講義を聴いた学生たちが作ったもので、名前は丸山の発案による。数年ごとに、『'60』という同人誌を発行し丸山を囲んで座談会を開く。丸山も一九七九年に『映画とわたくし』、八五年に『金龍館からバイロイトまで――オペラとわたくし――』、八九年に『昭和天皇をめぐるきれぎれの回想』を同誌に寄せている。[※1]没する前年の九五年一二月三日には、「'60の会」が準備した新宿三井クラブでの『丸山ゼミ有志の会』懇談会に病を押して参加してスピーチをした。丸山は、日ごろ、私的な会合での談話を録音されることを嫌ったが、このときばかりは参加者の要望を容れてそれを許したという。[※2]

元毎日新聞記者の内藤國夫（一九三七・五・二七～一九九九・六・九）と小説家の庄司薫（一九三七・四・一九～）は、ともに「'60の会」のメンバーである。二人は安田講堂攻防戦の余燼が燻る六九年四月、申し合わせたように作品を発表した。内藤は『ドキュメント　東大紛争』であり、庄司は『赤頭巾ちゃん気をつけて』[※3]である。

そのころ、丸山は、講義再開阻止闘争――人民裁判――の後、日赤武蔵野病院に入院していた。沈黙を守り孤高を保っていたものの、四月一八日には、

〝夜半にふと目覚むればいま見し夢は東大紛争のほかにはあらず〟

〝ついに解せぬ問い一つありこの長き紛争のはてに残るは何か〟

と詠むような心境にいた。[※4]

内藤と庄司は入院中の恩師丸山を意識しながら書いたであろう。二人とも未だインクも乾いていない出来立ての著作を病床にいる丸山に贈呈したのではないか。

二　内藤國夫『ドキュメント 東大紛争』

内藤は、六一年四月、丸山の推薦と身元保証で毎日新聞に入社し、記者人生のスタートを切った。[※5] 六八年の東大闘争勃発当時は社会部学生担当の遊軍記者であり、六月一七日の第一次機動隊導入以来、東大闘争の取材と報道に責任を負うことになったという。[※6] 私も、東大闘争当時、内藤を何度か見かけたことがある。安田講堂前広場の集会で学生に「ブル新は帰れ」と怒鳴られてもたじろがず、あるいは、法学部の学生大会が延々と採決を繰り返しても教室の入口に立ったまま傍聴を続けていた。内藤はいつも背広にネクタイという出で立ちであった。

『ドキュメント 東大紛争』――本書では『内藤』と略記――は東大闘争の発端になった六八年一月の医学部無期限ストから六九年三月までの出来事を描いたノンフィクションである。東大教官も、例えば、六月一七日に機動隊を導入した大河内総長、一一月初めに就任した加藤総長代行、一一月四日から始まった〝カンヅメ団交〟の林健太郎文学部長、その団交初日に疲労退出した文学部前野直彬教授[※7]など多数の教官が実名で登場する。

しかし、丸山は登場しない。毎日新聞がかなりのスペースを割いて報じた、法学部研究室の封鎖や封鎖解除のときの丸山の言動はどこにも記述がない。かえって、『内藤』は封鎖とその解除について以下のように書いている。

まず、六八年一二月二三日の封鎖である。

「『あらゆる収拾策動の粉砕』を叫ぶ全共闘はこの日、またも封鎖戦術をエスカレートさせた。事実上の〝大学本部〟となっている法学部研究室の封鎖に踏み切り、〝越年体制〟を固めたのである。法学部の大学院生の中でも強硬派が主力になっている法共闘[※8]は封鎖に先立ち、『内部の研究資料や図書、私物には手をつけない』ことを教授たちに密かに約束、封鎖はスムーズに行われた。事実、封鎖後の自主管理はゆきとどいたもので、自ら多数の〝立入禁止区域〟を設けたほどである。あとあとの〝法研徹底破壊〟はこの時には予想されもしなかったのである」[※9]

内藤は「封鎖はスムーズに行われた」と書いている。恩師丸山が先頭になって封鎖阻止ラインに立って、法闘委に単身〝突撃〟したことなど、まるでなかったかのごとくである。自社の毎日新聞が報じた「ナチもしなかった」という丸山の発言はもちろんのこと、丸山の姿は影も形もない。

六九年一月一八日の封鎖解除についてはどうか。

「中核、四トロのたてこもる法学部研究室も午後三時半、まったく同じようにしておち、[※10]中にいた百三十人くらいの学生は、全員、血だらけとなって逮捕された[※11]」と、逮捕された学生の様子だけを書き、また、研究資料の破壊については「なぜ、法学部研究室の研究資料やおびただしい蔵書を無意味に破壊しまわったのか[※12]」とだけ書いている。そこには、法学部研究室の封鎖解除後に教授室の惨状を見て「押さえようとしても押さえきれない怒りのため、くちびるはふるえていた」と毎日新聞が情感たっぷりに報じた丸山の姿はない。

六九年二月二四日の〝人民裁判〟についても同様である。「一部の教官の授業は未だにネライ打ち的に妨害されている[※13]」と、わずかに一行触れるだけである。ネライ撃ちされた恩師丸山があれほど全共闘からつるし上げをくったにもかかわらず、内藤はまことに素っ気ない。

だからといって、内藤が、丸山がしばしば紙面に取り上げられたことについて、決して知らなかったとか、無関心であったというわけではない。かえって、二人の間では、そのことが、よく話題になっていたことが、以下のように、丸山の書き残したやりとりから窺える。[※14]

そこでは、内藤は、丸山から怒りとも嘆きとも思われる調子で、

「千五百人の一般教官のうち、どうして私の名前ばかり、かくもしばしば紙面に登場させるのか」

と問われ、

「有名税ですよ」

と、軽口をたたいて慰めたりしているのである。

内藤は意図して、『ドキュメント　東大紛争』の中で、丸山について書かなかったのではないか。丸山ナチ発言、そして丸山そのものを、その中から消し去ったのではないか。そうすることによって、恩師丸山をバッシングの嵐から守り、遠ざけることができると思ったのではないか。

けれども、もう一歩進めて考えてみる必要がある。もし、バッシングのもとになった毎日ナチ発言報道が間違いであるなら、そしてそれを引用した吉本論稿に問題があるなら、内藤は、何故、正面からそのことを取り上げなかったか。内藤であれば、たとえば『東大紛争にみる報

道と評論』とかの一節をもうけて、恩師丸山のために健筆を振るってもよさそうではないか。たとえ、それが自社の毎日新聞の報道であっても、内藤は、その後、社長と喧嘩して退社してしまったほどの剛毅の人であったから、やれなかったはずがない。しかし、内藤はやらなかった。何故やらなかったのか。その推論は本章五「言ってはならないこと」で書こう。

本題からは外れるが、内藤についてはどうしても気になったことがある。

三　まさかの悲劇

それにしても……。私は東京女子大の図書館を後にしながら思いを巡らせた。丸山没後、この師弟を襲ったかもしれない、まさかの悲劇のことである。丸山の手書きノート『春曙帖』に挿まれていたといって、『対話』の編集者がその巻末に付した二枚のメモ。そのメモが引き起こしたかもしれない、まさかの悲劇。順を踏んで話すと、こういうことである。

丸山は、九六年八月一五日、八二歳で没したが、内藤は追悼文として、同年の文藝春秋一〇月号に『教師・丸山眞男』を、続いて翌九七年三月三一日、同人誌『'60』に『恩師・丸山眞男先生』を寄せた。内藤は二つの追悼文の中で、丸山の身元保証で毎日新聞社に入社し、それにもかかわらず同社の社長と喧嘩して丸山に相談することなく退社し、あとで丸山に「軽率」と叱られたという毎日新聞入退社の経緯や、「'60の会」における丸山との長く続いた親交、そして丸山を囲む最後の集まりになった九五年一二月の「丸山ゼミ有志の会」で丸山の配慮により最後にスピーチすることができたというエピソードまで、終生、丸山に「不相応なほどのお付き合いを頂いた」感謝の気持ちと、丸山が恩師であったことの喜びを書いている。恩師丸山を想う気持ちが全編に溢れる二つの追悼文であった。

ところが、『恩師・丸山眞男先生』を書いてから一年も経たないうちに、まさかと思うような悲劇が起きたのではないか。九八年二月二四日、丸山の『対話』が刊行され、それを毎日新聞は『丸山眞男と東大紛争』と題して大きく報じた。※15 はたして内藤はこの本を読んだであろうか。敬愛する恩師丸山の生前の独白を本にしたものだから読んだであろう。そして巻末に付されたメモまで読み進んだとき、内藤の心臓は凍りついたのではないか。

そのメモに丸山はこう書きつけていた。※16

「毎日、□□君らの『安保　十年』※17 を下田の書店で立読みして

『使命が、あるいは役割が、おわった知識人』に何用があるのか。自分が必要なときには忙しい時間に割りこんで、ききに来たり相談をもちかけたりし、それはまだよいとしても、先生はどうして書かないのか、どうして談話をださないのかといやがる私を、そうして私がいやがっ

ている事をあれほど知っているくせに、ジャーナリズムにひき出そうとし、まるでジャーナリズムに書いたり発言しないことが責任を果たしていないような口ぶりを示しながら、今度は一転して、知識人あるいは大学教授が市民運動をリードする時代は終ったなどとぬけぬけと書くその無神経と無責任さ！　私はそういう連中のつき合いをするのはもう沢山だ。今度こそ私は、ひとのためのサービスは一切ごめん蒙って『研究エゴイズム』に帰る。今度こそ私は、自分の好きな、そうして本来の持場である思想史の仕事に専念できるだろう。あの、『一寸お会いしたいんですが』というわずらわしい電話から解放されて……。思うだに楽しいことだ。勝手に人にイメージやレッテルをぬりたくって、そのイメージどおりに人が動かないことに失望したり、象徴だの偶像だのを頼みもしないのに、いや、つくらないでくれとたのみつづけていたのにでっち上げて、今度は偶像の顛落などと騒ぐあの手あいと永久に絶縁することができるだけでも、何と気がさばさばすることか」

ブルータス、お前もか！

内藤が、もしこれを『対話』の中で読んだとき、どう思っただろうか。伏せ字の□□君は、内容を読めば、すぐに自分のことだとわかる。三〇年も前のメモとはいえ、そこには自分に対する恩師丸山の激烈な怒りが記されている。丸山の生前であれば、弁明もできるし謝罪もできる。丸山が既に亡きそのときは、ただ、恩師の墓前で滂沱の涙を流すほかに何ができただろうか。内藤は、翌九九年、丸山を追うようにして逝った。享年六二歳である。

四　庄司薫『赤頭巾ちゃん気をつけて』

庄司薫の芥川賞受賞作『赤頭巾ちゃん気をつけて』――本書では『赤頭巾ちゃん』と略す――は、六九年四月、中央公論五月特大号に掲載されて発表された。※18

主人公は日比谷高校三年生、作者と同じ名前の庄司薫といい、六九年二月九日という一日に、主人公が体験したり考えたりしたことをエッセイ風にまとめた小説である。前月一月の安田講堂攻防戦のあとに東大入試が中止されて、さあどこを受験しようかと迷ったり、近所の幼馴染のガールフレンドとけんかしたり、足の親指の生爪をはがしたり、それを治療してくれた女医さんの白衣の襟元からその体をのぞいたり、当時は東大に毎年二〇〇人は合格したという日比谷高校生の衒学趣味を話したり、生爪をはがした足先を銀座の街角で女の子に踏んづけられ、痛む足を庇いながら一緒に本屋に行って、その子にグリム童話の『赤ずきん』を選んであげたり、そのことで気持ちがとても明るく前向きになったり、最後は幼馴染のガールフレンドと散歩中に手をつないだり、あれやこれやのことを饒舌に語る、全編ほんわかした物語である。それはそれでいい。

けれども、庄司がこの小説を書いたほんとうの目的は別のところにあったのではないか。庄司は七三年に発表した『狼なんかこわくない』の中で、『赤頭巾ちゃん』を書いた経緯を明かしている。[※19]それによるとこうである。庄司は五九年に発表した『封印は花やかに』以来約一〇年間、何も書いていなかった。唯一の例外が、丸山を囲む「'60の会」の同人誌『'60』に投稿した、生爪をはがした足先を女の子に踏んづけられる話で、この短編が『赤頭巾ちゃん』の最後の章の原型になった。庄司が『赤頭巾ちゃん』を書いたとき、なによりもまず思い出したのは、この短編と「'60の会」のメンバーの顔だという。

庄司が『赤頭巾ちゃん』を書いた時期は六九年三月、丸山バッシングによって丸山が入院したときである。そのころ、丸山を恩師とする「'60の会」のメンバーは憤っていたであろう。もちろん、庄司もそうであったろう。庄司にこの小説を書かせたのは丸山バッシングに対する怒りであり、小説の正体は〝丸山応援歌〟ではないか。一〇年間ほとんど何も書かなかった庄司が思い出したように書いたのは、六九年二月に始まった丸山バッシングのためであり、それが庄司に再びペンを取らせる強烈な動機になったのではないか。

庄司は『赤頭巾ちゃん』を書くとき巧みな工夫を凝らした。まず、初めて「庄司薫」というペンネームを使った。実名を使えば、すぐに作者が丸山の教え子で、丸山を囲む「'60の会」のメンバーということがわかるだろう。そうなれば、発表時期も相まって小説の目的が丸山の応援であるとわかる、あるいは、そう読まれる。その結果、小説は丸山と同じように、〝右からも左からもこてんぱん〟にやられることになる。庄司は、それを回避するために、誰も知らない初めてのペンネームを使ったのではないか。読者の中には、『赤頭巾ちゃん』を書いたのは、「庄司薫」という名の日比谷高校三年生だと思った人も少なくないだろう。

庄司は、小説だから、ノンフィクションの『内藤』と違って、思いどおりの仕掛けができた。まず、丸山を最初に登場させるくだりである。※12 主人公の庄司薫は東大法学部卒の三〇歳くらいの次兄が貸してくれた思想史の講義プリントを夢中になって読んだ。そして、

「ちょうどそのすぐあとで、ぼくはそのすごい思想史の講義をしている教授に偶然お会いした。おととしの初夏の夕方のことで、ぼくは、下の兄貴と二人で銀座を歩いていたのだが、そしたらバッタリとその先生に出会ったのだ」「『ほんとうにこうやってダべっているのは楽しいですよね。』なんて言っていつまでも楽しそうに話し続けられるその素晴らしい先生」

と書いて、ふだんの丸山を紹介する。

この場面でいう「おととし」は六七年になるから、東大闘争が始まる前である。出会った場所は銀座であり、安田講堂前広場でも法学部研究室でもない。東大闘争の気配がまったくない時期と場所である。丸山に対する応援歌はオブラートに包まれて始まる。

次に丸山を登場させるのは、小説の中盤、主人公の親友が語るせりふの中である。[※21]

「たとえ表面では棒ふり学生がいくらデカイ顔したって、世の中が何言ったって、お前の惚れた先生やなんかがビクともしないことぐらいは分っているんだ」

庄司は、ここで、東大闘争時の丸山に対するエールを明示した。しかし、まだ親友の口からであって、主人公のものとしてではない。

主人公自身が丸山支持を宣言するのは小説の終盤になってからである。[※22] 主人公の庄司薫は有楽町の数寄屋橋付近でカンパ活動をしているヘルメット学生らに出会う。主人公には、

「もちろんぼくの若い血は、あのテレビのライトに照らし出された夜の安田講堂をバックに、激しい演説とシュプレヒコールとデモを繰返す果敢な彼らの姿に熱くわきたった」

というところもあって、以前は迷いながらもカンパに応じてきた。しかし、今はもう、彼らの前を「険しい気持で背を向けて通り過ぎ」る。そして、ほんとうにゲバ棒を必要とすることがわかれば「ただ棒をふりまわして機動隊とチャンバラをしたり、弱い大学の先生を追いかけた

り、そしてそのことだけでも問題提起になるなどと言いわけめいたことは言ったりせず、しかし確実に政府でも国家権力でもひっくり返すであろう」と語る。

丸山バッシングに対する、主人公の激しい怒りの表明である。

読者は、それまで、あれやこれやのエピソードについて主人公がとめどなく喋る饒舌に付き合ってきたから、このエピソードも、若き主人公が健気な決意をした小説の一こまであると受け止めたのではないか。

けれども、病床の丸山は違う読み方をしたように思う。自分に対するエールこそ小説の主題であると感じたのではないか。そう思うのは、庄司が『翌日読んでもらいたいささやかなあとがき』という意味ありげな題を付けたあとがきに、意味ありげにこう書いていることによる。

「……白状しちゃうと、なんだかぼくってのは、実は兄貴の書いた小説の主人公かなんかじゃないかって気もするほどなんだ（だって、日比谷の名簿を見ても庄司薫なんて見つからないのだから）」

庄司は、そう書いて、「庄司薫」がペンネームであり、実際に小説を書いたのは「兄貴」、すなわち小説の中の、公立高校出身で三〇歳くらいの東大法学部の卒業生であることを明かす。

しかも、銀座の街角での赤頭巾ちゃんのエピソードは、庄司が「'60の会」の同人誌に実名で寄稿したものと同じだ。丸山や「'60の会」のメンバーには、作者が誰か確実にわかる仕掛けである。こうして庄司は、あとがきで、『赤頭巾ちゃん』を書いたのは自分であり、書いたことは自分が言いたいことであることを明らかにした。

庄司は続けて、

「……もし誰かがこれを読んで、ぼくにとても嬉しいことがあって、そしてぼくはとってもついていたんだということを少しでも分ってくれれば（そしてほんの少しでも喜んでくれれば）、ぼくはもうほんとうにそれだけでいいんだから」

と書いて、あとがきを結んだ。

病床の丸山は、あとがきを読んで、庄司がこの小説を自分のために書いてくれたことを確信したに違いない。思わず、こみ上げてきた熱いものをこらえ切れずに涙を流したことだろう。バッシングの嵐のなかで耐えに耐えてきた孤高の精神であったが、庄司の熱い気持ちに触れて、ひとり、心行くまで泣いたことだろう。何故、丸山が泣いたといえるのか。その答えは、庄司が、二〇一二年一月、丸山が「泣かせちゃズルイ」と言ったと、『赤頭巾ちゃん』の「あわや半世紀後のあとがき」に書いているからである。※23

本題に戻ろう。フィクションの世界だから、庄司は適当な仕掛けを凝らして、いくらでも喋ることができる。その庄司が、何故、『赤頭巾ちゃん』の中で、丸山の苦境の発端になった毎日ナチ発言報道や吉本論稿について、何も喋らなかったのだろうか。主人公の兄貴の友人の新聞記者でも登場させて、

〝薫くん、ぼくは、あのとき取材で法学部研究室の前にいてね。きみの大好きな先生の一挙手一投足を見ていたんだ。だから、その先生が『ナチもしなかった』なんて大袈裟なせりふを言ってないことは断言できるよ〟

などと言わせることは、庄司なら簡単にできたはずである。

何故、庄司がそうしなかったのか。

五　言ってはならないこと

内藤も庄司も、六九年四月、丸山バッシングの嵐が吹き荒れるなかにあっても、嵐のもとになった毎日ナチ発言報道や吉本論稿に対して反論しなかった。それどころか、触れることさえしなかった。

内藤は、丸山没後、『教師・丸山眞男』[※24]の中で、「先生はプライベイトな発言の引用を極端に嫌われた。その点で私は幾度となく叱られた」と書いている。東大闘争の現場に張り付き、そ

の間、丸山を頻繁に取材していた内藤のことだから、丸山から、毎日ナチ発言報道や吉本論稿について、なにがしかのことを聞いていたはずである。しかし、丸山がそういう私的な会話の内容を公にすることを嫌っている以上、内藤が勝手に書くわけにはいかない。また、丸山に書いていいかと尋ねても、「黙殺します」といって拒否されたのではないだろうか。

庄司も毎日ナチ発言報道や吉本論稿については触れていない。その理由は、庄司が、九五年、『赤頭巾ちゃん』の「四半世紀たってのあとがき」に、次のように書いていることと無関係ではないと思うが、どうだろうか。

「それにしても、日比谷の卒業生名簿からソ連の崩壊に至るまでさまざまな変化のあったこの四半世紀ののちにも、『言ってはならない』その事柄の核心をめぐっては何一つ変わらない、すべてあの時のままであるとは、ほんとうにあらためて複雑な感慨にふけってしまう[※25]」

「『言ってはならない』その事柄の核心」と庄司がいうのは、毎日ナチ発言報道とそれを引用して丸山を批難した吉本論稿のことではないだろうか。

内藤が『ドキュメント　東大紛争』を、庄司が『赤頭巾ちゃん気をつけて』を書いたのは丸山の存命中のことであった。だが、丸山没後の教え子たちの対応は少し様子が違ってくる。

注記

※1 岩波『丸山眞男集』第一一巻三頁、第一二巻二四一頁、第一五巻一一三頁

※2 丸山眞男「皆さん、横につきあってください　一九九五年一二月——『丸山ゼミ有志の会』懇談会スピーチ」（丸山眞男手帖の会編『丸山眞男話文集　続４』みすず書房、二〇一五年）二三四頁

※3 庄司薫『赤頭巾ちゃん気をつけて』新潮文庫、二〇一二年。一九六九年四月一〇日発売『中央公論一九六九年　五月特大号』からの再録。

※4 『対話』二三八頁

※5 内藤國夫「教師・丸山眞男」（『文藝春秋』一九九六年一〇月号）七八頁

※6 『内藤』一七頁

※7 『内藤』一二八頁

※8 学部生主体の法学部闘争委員会に大学院生を加えた組織

※9 『内藤』一八〇頁

※10 その前に落ちた工学部列品館とまったく同じようにして落ち、という趣旨である。

※11 『内藤』一二八頁

※12 『内藤』一三六頁

※13 『内藤』一三八頁

※14 『春曙帖』一三三。『対話』一八八頁

※15 毎日新聞一九九八年三月二三日夕刊

※16 『対話』一六九頁

※17 『安保 十年』は、六九年一二月二五日に文藝春秋社から発行された毎日新聞社会部安保学生班編『安保　激動のこの10年』のことであり、内藤は執筆者の一人として名を連ねている。その第八章「知識人時代の終末」は、六〇年安保のときに、清水幾多郎や丸山眞男ら大学知識人が反対運動のリーダーシップを発揮した状況を描き、この一〇年の間

に「知的独占の時代、知的貴族主義の時代は過去のものになろうとしている」と結んでいる。

※18 庄司薫『赤頭巾ちゃん気をつけて』（新潮文庫、二〇一二年）に再録。本書で『赤頭巾ちゃん』と書いて引用する頁は、新潮文庫の頁である。

※19 庄司薫『狼なんかこわくない』（中公文庫、一九七三年）一七五頁

※20『赤頭巾ちゃん』三五頁

※21『赤頭巾ちゃん』一三〇頁

※22『赤頭巾ちゃん』一五〇頁

※23『赤頭巾ちゃん』一九〇頁

※24 前掲内藤『教師・丸山眞男』

※25『赤頭巾ちゃん』一八八頁

第六章　死せる丸山、生ける教え子たちを喋らす

丸山が一九九六年八月に没したとき、多くの人が追悼文を書いた。東大闘争があった六八年、六九年当時の丸山の教え子たちも書いた。本書で何度か取り上げてきた佐々木の追悼文[※1]もその一つである。

「そのうち全共闘の学生がおきまりの隊列を組んで玄関に『突入』してきた。玄関前に集まった人々は抵抗することもなくほぼ真中でわれて左右に排除されるかっこうになり、僕は正門側に流された。その時すぐ右側で丸山先生が学生の集団と向き合って、『ファシストもやらなかったことを、やるのか』と怒りをぶっつけられる声が聞こえた。決して罵声ではなかった。学生と対等で議論される時の熱っぽさと『書生』のままの先生の声の調子は変わらなかった。別に小ぜりあいがあったわけではない」

佐々木がこの文章を書いた動機について、佐々木にインタビューした九州大学教授の清水が書いている。[※2]

「佐々木氏があの文章を著したのは、『ナチスも、日本の軍国主義もこんなひどいことはしなかった』と丸山が言ったとする『朝日新聞』の追悼評論を読んで、ただ記憶のなかの事実を伝

えたかっただけであり、丸山擁護の意図はなかったという」

清水は、また、「丸山をよく知る者には丸山発言の意味は自明だったと、……何人かの方々から教示された」、それは「日本軍国主義の時代にも法研は封鎖されたことがなかったという事実を述べた言葉であり、それをするとはひどいではないかという意味」であると書いている。[※3]清水が書いていることを素直に読めば、佐々木も、丸山をよく知る者も、丸山は『ナチもしなかった』とは言わなかったと話しているように受け取れる。しかし、そのように受け取ることはできても、佐々木らが明言したかといえば、そうではなさそうである。明言したのであれば、清水がそのとおり書くだろう。

少なくても、佐々木の追悼文でいえることは、丸山の没後になって初めて、丸山の周囲から、丸山発言の内容、しかも毎日ナチ発言報道とは異なる内容を語る者が現れたということである。

東大闘争当時、大学院法学政治学研究科に在籍した飯田泰三（後に法政大学教授）は、九六年一二月、さらに踏み込んだ内容の追悼文を書いた。法学部研究室の封鎖解除後、占拠学生らが残した落書きに興じる丸山のエピソードを紹介した後、こう続ける。[※4]

「いわゆる『法研封鎖』のときに、先生が『ファシズム[※5]もやらなかったことを、やるのか』と封鎖に来た学生の集団のひとりにむかって言ったという『事件』の真相については、先輩の佐々木武さんが『みすず』一九九六年一〇月号に書いている。私自身は当日のその場面に寄り道をして遅刻してしまったのだけれども、この丸山発言についての不用意な報道からその後広められた『東大紛争時の丸山』像が、その実像からいかに歪曲されているかは、右の封鎖解除時のエピソードからも明らかであろう」

飯田は、九八年一〇月、再び書いた。[※6]

「六九年一月一八・一九日の『安田砦攻防戦』を経て、その後のいわゆる『正常化』による『授業再開』後、丸山の講義が主要『粉砕』対象の一つとなった。（それには、前年一二月二三日の『法研封鎖』時の丸山の言動——佐々木武「あの日、あの時のこと」『みすず』一九九六年一〇月号、再録『丸山眞男の世界』みすず書房、参照——について毎日新聞が掲載した不用意な記事にもとづく、吉本隆明の『情況』[※7]誌上での丸山への煽情的な論及などが大きく作用した。）」

飯田がこの二つの文章で言いたかったことは次のことだろう。

第一に、丸山は、法学部研究室の封鎖のときに、「ファシストもやらなかったことを、やるのか」と発言した。

第二に、毎日新聞は、そのときの丸山発言について『不用意』な記事を書いた。

第三に、その『不用意』な記事に基づく吉本隆明の論及により、丸山の講義が粉砕対象になり、東大闘争時の丸山像が著しく歪曲された。

飯田が二度も繰り返して強調した、『不用意』な毎日報道、その『不用意な』記事とは何か。それは、毎日新聞が丸山発言の内容を「ナチもしなかった」と書いたこと以外にないだろう。少なくても、そう読むのが普通だろう。

けれども、飯田は、毎日報道が『不用意』であることを強調しながら、『不用意』の具体的な内容までは書かなかった。その『不用意』な報道によって、恩師丸山のイメージが不当に歪められたことを憤るのであれば、何が『不用意』なのか、はっきり書いてもよさそうなものであるが、そこまでは書かなかった。しかしどうみても〝丸山は「ナチもしなかった」とは言わなかった〟と、喉元まで出かかったように読める記述である。

もう一つ、例を挙げる。

東大法学部教授の苅部直は、二〇〇六年五月、『丸山眞男――リベラリストの肖像』[※8]を書いた。サントリー学芸賞の選評が「あの丸山眞男とはいかなる人物だったのかを、まさに『目からうろこが落ちるように活写してくれる本』である」と評する本である。[※9]苅部自身は、「活写」した丸山とは、自分の大学院生時代の書評会で一度会ったきりで個人的な付き合いはないという。[※10]一方、丸山をよく知る者との交流は、苅部が、丸山のいた東大法学部の政治学者であるうえ、二〇一二年、丸山の教え子であった庄司薫の『赤頭巾ちゃん』の解説を書いているように、[※11]かなり深かったものと思われる。

その苅部が問題の丸山発言について書いている。[※12]

「（一九六八年一二月、）法学部研究室の封鎖におしよせた全共闘学生に対して、『ファシストもやらなかったことを、やるのか』と怒りをぶつけた丸山の言葉が大事件のように槍玉にあげられ、二月二十四日には講義に行こうとしたところを学生たちがつかまえ、文学部の大教室に連行し、そそり立つ階段席から百数十人がとりかこむ状態で、『追及集会』を二時間ほど続けたのである」

苅部は、このように、法学部研究室封鎖のときの丸山の発言内容を『ファシストもやらなかったことを、やるのか』と書くことにケレン味がない。そして、この発言内容は佐々木追悼文のものであって、毎日ナチ発言報道のものではない。何故、苅部は法学部研究室封鎖から三〇年近くも経た後の佐々木追悼文の発言内容を採ったのか。何故、封鎖翌日の毎日ナチ発言報道、それも、ちまたにごまんと溢れている『ナチもしなかった』という発言を採らなかったのか。丸山について一冊の本を書いたほどの苅部だから、毎日ナチ発言報道を知らないことはないだろう。

苅部は『あとがき』の中で正直に語っている。

「とりあげた内容はすでに活字になっていることがらにかぎったものの、丸山をじかに知る方々からうかがった話や、お手伝いしている東京女子大学の比較文化研究所附置・丸山眞男記念比較思想研究センターの資料整理の過程で、見聞きしたものごとも、正直なところ、書くときの心理には影を落としているだろう」

苅部が丸山発言の内容を「ファシストもやらなかったことを、やるのか」と書いたのは、「丸山をじかに知る方々から」、佐々木追悼文の内容が事実であると聞いたからではないだろうか。

しかし、苅部が書いたのはそこまでで、苅部もまた、丸山が「ナチもしなかった」とは言わなかった、とまでは書かなかった。

こうして、丸山没後、教え子たちは法学部研究室の封鎖のときの丸山発言について口を開き始めた。佐々木も、飯田も、また苅部も、丸山発言の内容は『ファシストもやらなかったことを、やるのか』であったという。飯田は、さらに一歩踏み込んで、毎日ナチ発言報道は『不用意』であると、二度までも話した。

ところがみんな、まるで口裏を合わせたかのように、「丸山が『ナチもしなかった』とは言わなかった」とまでは話さない。何故だろうか。話してはいけない、という目には見えない強力な磁力が働いているかのようだ。そして、そのような強力な磁力を発することができるのは丸山しかいないのではないか。ナチ発言について言及することは、丸山が没してもなお残る「言ってはならないこと」なのではないか。

丸山生前の内藤と庄司、丸山没後の佐々木、飯田、そして苅部、その誰もが、事柄の核心であるはずの丸山ナチ発言について、何か言いたいような顔をしながら、結局、言わない。その理由は、丸山ナチ発言があったからではなく、ナチ発言はなかったけれど、そのことは「言ってはならないこと」だったのではないだろうか。

最後に、丸山本人に尋ねてみよう。

注記

※１　前掲佐々木
※２　前掲清水一〇四頁
※３　前掲清水一〇七頁
※４　飯田泰三「『丸山諭吉』をめぐるいくつかの光景」（福沢諭吉協会『福沢手帖第九十一号』

一九九六年一二月）一五頁。飯田泰三『批判精神の航跡』（筑摩書房、一九九七年）三二六頁に再録。

※5 飯田の誤記であろう。佐々木は「ファシズム」ではなく、「ファシスト」と書いている。

※6 飯田泰三「解題」（『藤田省三著作集8　戦後精神の経験Ⅱ』みすず書房、一九九八年）七二三頁。飯田泰三『戦後精神の光芒』（みすず書房、二〇〇六年）三二四頁に再録。

※7 飯田の記憶違いであろう。前掲『文芸』誌上に吉本「情況1『収拾の論理と思想の論理』」が掲載されている。『情況』六九年三月号にも、丸山ナチ発言に触れた吉本「大学論」が所収されているが、安田講堂攻防戦前日六九年一月一七日の講演の反訳であり、丸山批判の内容も表現も「煽情的」というほどではない。

※8 苅部直『丸山眞男——リベラリストの肖像』岩波新書、二〇〇六年

※9 サントリー文化財団ホームページ。https://www.suntory.co.jp/sfnd/prize_ssah/detail/2006sr1.html

※10 前掲苅部二二五頁

※11『赤頭巾ちゃん』一九二頁

※12 前掲苅部二〇九頁

第七章　丸山教授の弁明

丸山は、一九六九年二月二五日、加藤一郎総長代行宛に手紙を書いた。[※1] 講義再開のときに文学部教室に連れ込まれた〝人民裁判〟の翌日である。

「先日は御多忙のところお電話をいただき、恐縮しました。御存知かと思いますが、私は昨月曜日、第二回の講義に出かけてゆく途中、銀杏並木前で集団をなしていた約四十人位の学生につかまってとりかこまれ、両腕をとられたまま、文学部の階段教室につれこまれ、ちょうど三時から五時まで追及を受けました」

こう書き始められた手紙は、二月二一日の第一回講義と二月二四日の第二回講義の状況の丸山による詳細な報告である。問題のナチ発言は第一回講義における学生たちとのやり取りの一つとして出てくる。

「二十一日の当日は、一号館前に法闘委の諸君若干名がいて、『講義の前にわれわれに質問をさせて下さい』といいますので、『私は講義をどういう意味で再開するかを冒頭にのべるから、それに関連する質問だけを受ける』と答えて、そのまま二二番教室に入りますと、追っかけるように十数名の学生がついて来ました。教室はすでに満員でした」

丸山は冒頭の講義をはじめる趣旨に続けて学生たちとのやり取りを書く。

「あちこちの学生から、次々に質問がとび出しました。一々記憶していませんが、私が彼等にその都度答えた趣旨は、トビトビですが、大要つぎのごとくです」

丸山は学生たちと交わした九項目のやり取りを書き、その一つがナチ発言についての応答である。

「（研究室封鎖に際し、『ナチも軍国主義者もやらなかった』といったではないかとの問いにたいし、私はこのころには右側に歩んでいて、すぐそばでその学生に、）『君はその場にいましたか』学生『いなかったけれども新聞でよんだ』私『君たちは平素ブル新などといいながら、都合のいいときだけ、ジャーナリズムの記事を信用するのか』」

丸山は、学生の「『ナチも軍国主義者もやらなかった』といったではないか」という質問に対し、「言った」とも「言わなかった」とも、まともには答えなかった。代わりに『君はその場にいましたか』『君たちは平素ブル新などといいながら、都合のいいときだけ、ジャーナリズムの記事を信用するのか』と、逆に非難する調子で反問した。

この丸山の応答態度から推定できることは、結論から言うと、丸山は『ナチも軍国主義もやらなかった』とは言わなかった、ということだろう。学生の質問に対してノーという答えだ。

なぜなら、もし、丸山が、法学部研究室の封鎖のとき、『ナチも軍国主義もやらなかった』と言ったとしよう。第一回講義における学生とのやり取りは、法闘委を含む満員の学生が注視する場で行われている。その中には封鎖の現場にいて、丸山が「言った」ことを知っている学生もいるであろう。その学生が法闘委であれば、直ちに、「先生は逃げるのですか。ぼくは、その場で、先生が言ったのを、この耳で聞きました」と追及するだろう。その場合、丸山は二の句を継げない。少なくても論争で守勢に回る。また、丸山側の阻止ラインにいて、「言った」ことを知っている学生がいるかもしれない。その学生が、丸山の応答態度をみて、「先生は案外ずるい人だな」と思ってもおかしくない。丸山が、「言った」とすれば、そのようなリスクを生じる応答をするとは考えにくい。「言わなかった」からこそ、強気の反問に出たのではないか。

その日の丸山は、手紙の次の部分を読めば、学生たちに対して余裕をもって応答していたことがわかる。はぐらかすような応答は、かえって、自らを危殆に陥らせることを予想し得るだけの冷静さを有していたはずである。

「私は、講義をともかくはじめたというたてまえが貫かれれば、大部分の時間が、全共闘ないし法闘委の諸君を中心とする（他のシンパもいましたが）問答になっても止むをえないとはじめから思っていましたので、この日はべつに意外でも心外でもありませんでした。むしろ、いつもの私の論争癖で、若干『挑発的』にすぎたかなと反省しながら室に戻りましたが、きいていた大学院生の一人が『全共闘にたいする反面教師になったのではないか』と感想をもらし、またすぐ後で、雄川教授が、『ある学生が、面白かった』といっていたから、あれでいいのではないかというのは、私にいわせれば随分傍観者的だと思いますが、大多数の『一般学生』はおそらく、私と彼等とのやりとりを『面白く』きいていた、というのが、よかれあしかれ事実だったでしょう」

このように、丸山は、学生たちとの論争を「面白く」展開したことを、やや得意気にみえるほどに書いている。

では、逆に、丸山が『ナチも軍国主義もやらなかった』と「言わなかった」のであれば、非難がましく反問しないで、「言わなかった」とあっさり否定すればいいではないか。「君、ぼくが『言った』というのは毎日新聞の誤報だよ」と。そして、むしろ、丸山が自認する「いつもの私の論争癖」を出して、専門とする、ナチと軍国主義の違いを学生たちに聴かせる絶好の機会だったのではないか。ナチは世界観的体系を持つが日本軍国主義は無責任の体系である。「だから戦犯裁判に於て、土屋は青ざめ、古島は泣き、そうしてゲーリングは哄笑する」[※2]と。

丸山が、学生の質問に対して素直になれず、頑な応答をした理由は推測できる。学生の「『ナチも軍国主義者もやらなかった』と言ったではないか」という質問の背後に、「黙殺」すべき相手、吉本隆明の影を見たからではないか。黙殺すべき吉本が相手であるから、まともに「言わなかった」と回答する気にはならなかったのではないか。

問題の毎日ナチ発言報道が東大闘争の舞台に登場したのは、六九年二月一五日発表の吉本『収拾の論理と思想の論理』における引用によることは前に述べた。二月二一日に質問した学生は、おそらく読んだばかりの吉本論稿の受け売りだったのではないか。毎日ナチ発言報道が問題になったのは吉本論稿が契機であり、また、学生の質問『ナチも軍国主義もやらなかった』という順序は、吉本論稿の『ナチスも日本の軍国主義もやらなかった』と同じで、毎日ナチ発言報道の『軍国主義もしなかった。ナチもしなかった』ではないからである。

丸山が学生の質問を吉本の受け売りであるとみた可能性は大きい。丸山は『春曙帖』にこう書いている。[※3]

「吉本隆明」ら、「日ごろマス・コミを蔑視する批評家諸氏が」「そういうマス・コミの眼――もう一度いえば著名東大教授としてしか丸山の言動を見ないような眼――をそのまま自分の眼として批評しているということが、おどろくべき現象であり、日本の『論壇』なるものにほとんど私を絶望させるゆえんなのだ」

丸山は、吉本に対するそういう思いから、質問した学生に対し、まるで学生が吉本であるかのようにして、「君はその場にいましたか」「君たちは平素ブル新などといいながら、都合のいいときだけ、ジャーナリズムの記事を信用するのか」と非難したのではないか。

このように、丸山は学生の質問に対し、『ナチも軍国主義もやらなかった』と「言わなかった」とは答えなかった。しかし、だからといって、そのことが、丸山が『ナチも軍国主義もやらなかった』と「言った」ことを示すことにはならない。かえって、質問に強気に反問したのは、そう「言わなかった」からではないだろうか。

本人の弁明を聴いたところで、私の結論を述べるときが来たようである。

注記

※1 前掲『丸山眞男書簡集1』一七一頁
※2 丸山眞男「超国家主義の論理と心理」(『増補版　現代政治の思想と行動』未来社、一九六四年)二〇頁。『世界』(一九四六年五月号、岩波)から再録。
※3 『春曙帖』一二三。『対話』一八八頁

終章　民主主義の精神

丸山は、戦後の民主主義について、終戦翌年の一九四六年、

「日本帝国主義に終止符が打たれた八・一五の日はまた同時に、超国家主義の全体系の基盤たる国体がその絶対性を喪失し今や初めて自由なる主体となった日本国民にその運命を委ねた日でもあったのである[※1]」

と宣言し、五七年、

「西欧やアメリカの知的世界で、今日でも民主主義の基本理念とか、民主主義の基礎づけとかほとんど何百年以来のテーマが繰りかえし、『問わ』れ、真正面から論議されている状況は、戦後数年で、『民主主義』が『もう分かってるよ』という雰囲気であしらわれる日本と、驚くべき対照をなしている[※2]」

と警告し、六四年、

「気になるのは、……いつの間にか、戦後についての、十分な吟味を欠いたイメージが沈殿し、新たな『戦後神話』が生まれていることである。政界・財界・官界から論壇に至るまで、のどもと過ぎて熱さを忘れた人々、もしくは忘れることに利益をもつ人々によって放送されるこう

した神話（たとえば戦後民主主義を『占領民主主義』の名において一括して『虚妄』とする言説）は、戦争と戦争直後の精神的空気を直接経験しない世代の増加とともに、存外無批判的に受容される可能性がある」「戦後民主主義を『虚妄』と見るかどうかということは、結局のところは、経験的に検証される問題ではなく、論者の価値観にかかわって来る」「私自身の選択についていうならば、大日本帝国の『実在』よりも戦後民主主義の『虚妄』の方に賭ける」[※3]と決意した、そういう人である。

丸山は、あの日、あの時、法学部研究室を封鎖しようとする法闘委に向かって、何と言ったのか。私は戦後民主主義に賭けた丸山の精神に賭けよう。丸山は、あの時、『われわれの教育と研究が戦時中、軍部ノファシストの攻撃にさらされたときですら、研究室封鎖のごとき暴挙はかれらといえどもあえてしなかった』と言いたかった。そうして、丸山は「ファシストもやらなかったことを、やるのか」と言ったのである。

丸山が「ナチもしなかった」と発言したというのは〝冤罪〟であろう。丸山教授の遭難は東大闘争が生んだ悲劇である、というのが私の結論である。

注記

※１　前掲丸山「超国家主義の論理と心理」二八頁

※２　丸山眞男『日本の思想』（岩波新書、一九六一年）一六頁。初出は「日本の思想」（『岩波講座現代思想　第一一巻　現代日本の思想』岩波、一九五七年）

※３　丸山眞男「増補版への後記」（前掲丸山『増補版　現代政治の思想と行動』）五八四頁

あとがき

この本を書くにあたって、何度か国会図書館を訪ねた。

紐解いた資料の中に、本文中で引用した『東大闘争資料集』がある。編綴した元東大全共闘議長の山本義隆氏によると、東大闘争に関して、一九六七年の医学部闘争から一九六九年二月までの、闘争の過程で作られたビラ、パンフレット、討論資料、大会議案、そして当局文書約五〇〇〇点を収拾し、データベースに収録し、ゼロックス・コピーのハードカバー製本二八巻と、マイクロ・フィルム三本を作成し、一九九四年に国会図書館と大原社会問題研究所に収めたもので、山本氏はデータベースへの打ち込みを一人でやり、八七年以来ほとんどその仕事にかかりきりであったという（山本義隆『私の1960年代』金曜日、二〇一五年、三〇一頁）。

資料の中には、五〇年前の懐かしい名前のビラがきちんと綴じられていた。「国会図書館に通って資料を読むという労力を厭わない限り、ドキュメントという一面ではあれ東大闘争について、意図的なねつ造や隠ぺい、等々の歪曲を許すことなく、その実相に触れることが可能となったのではないでしょうか」と同氏の完成報告にある（同書三六四頁）。

この本を書いた私の労苦は、山本氏のそれに比べると、微々たるものに過ぎない。また、この本が東大闘争の実相に些かなりとも触れることができたか、甚だ心もとない。五〇年前の記憶は断片的であり文献の検証は不十分である。実相とは異なる事実や推論を書いていないか、東大闘争の見方、考え方が多様にあるなかで、独りよがりの見解を述べていないか。そういう懸念はぬぐい難くある。しかし、もし誤りがあれば、それは諸方のご批判に委ねることとして、今は、わずかながらでも、東大闘争の真実の一端を記録に残すことができたのではないか、という思いがある。

国会図書館中央カウンターの頭上のレリーフに、一つの言葉が刻まれている。

〝真理がわれらを自由にする〟

いい言葉である。

著者紹介　和田英二
略歴：1966年　東京大学文科Ⅰ類入学
1968年　法学部進学
1969年　東大安田講堂攻防戦に参加
1970年　東京地方裁判所で実刑判決
1972年　東京高等裁判所で執行猶予付判決
現　在　自由業（東大闘争研究家）

東大闘争　50年目のメモランダム
安田講堂、裁判、そして丸山眞男まで
2018年11月22日発行
著　者　和田英二
発行人　中井健人
発行所　株式会社ウェイツ
〒160-0006
東京都新宿区舟町11番地
松川ビル2階
電　話　03-3351-1874
FAX　03-3351-1974
http://www.wayts.net/
制　作　株式会社ウェイツ
印　刷　株式会社シナノパブリッシングプレス